Conversando com os pais

EDITORES DA SÉRIE
Cristiana Castanho de Almeida Rocca
Telma Pantano
Antonio de Pádua Serafim

Conversando com os pais

AUTORAS
Milene da Silva Franco
Cristiana Castanho de Almeida Rocca

Copyright © Editora Manole Ltda., 2024, por meio de contrato com os editores e as autoras.

A edição desta obra foi financiada com recursos da Editora Manole Ltda., um projeto de iniciativa da Fundação Faculdade de Medicina em conjunto e com a anuência da Faculdade de Medicina da Universidade de São Paulo – FMUSP.

Logotipos *Copyright* © Faculdade de Medicina da Universidade de São Paulo
Copyright © Hospital das Clínicas – FMUSP
Copyright © Instituto de Psiquiatria

Produção editorial: Juliana Waku
Projeto gráfico e diagramação: Departamento Editorial da Editora Manole
Capa: Ricardo Yoshiaki Nitta Rodrigues
Ilustrações: Freepik, iStockphoto

CIP-BRASIL. CATALOGAÇÃO NA PUBLICAÇÃO
SINDICATO NACIONAL DOS EDITORES DE LIVROS, RJ

F896c

Franco, Milene da Silva
Conversando com os pais / Milene da Silva Franco, Cristiana Castanho de Almeida Rocca. - 1. ed. - Santana de Parnaíba [SP] : Manole, 2024.
23 cm. (Psicologia e neurociências)

Inclui bibliografia e índice
ISBN 978-85-204-6365-9

1. Psicologia educacional. 2. Neuropsicologia. 3. Psicologia clínica. I. Rocca, Cristiana Castanho de Almeida. II. Título. III. Série

23-86224
CDD: 370.15
CDU: 37.015.3

Gabriela Faray Ferreira Lopes - Bibliotecária - CRB-7/6643

Todos os direitos reservados.
Nenhuma parte deste livro poderá ser reproduzida, por qualquer processo, sem a permissão expressa dos editores. É proibida a reprodução por fotocópia.
A Editora Manole é filiada à ABDR – Associação Brasileira de Direitos Reprográficos.

1ª edição – 2024

Editora Manole Ltda.
Alameda América, 876
Tamboré – Santana de Parnaíba – SP – Brasil
CEP: 06543-315
Fone: (11) 4196-6000
www.manole.com.br | https://atendimento.manole.com.br/

Impresso no Brasil
Printed in Brazil

EDITORES DA
SÉRIE *PSICOLOGIA E NEUROCIÊNCIAS*

Cristiana Castanho de Almeida Rocca

Psicóloga Supervisora do Serviço de Psicologia e Neuropsicologia, e em atuação no Hospital Dia Infantil do Instituto de Psiquiatria do Hospital das Clínicas da Faculdade de Medicina da Universidade de São Paulo (IPq-HCFMUSP). Mestre e Doutora em Ciências pela FMUSP. Professora Colaboradora na FMUSP e Professora nos cursos de Neuropsicologia do IPq-HCFMUSP.

Telma Pantano

Fonoaudióloga e Psicopedagoga do Serviço de Psiquiatria Infantil do Hospital das Clínicas da Faculdade de Medicina da Universidade de São Paulo (HCFMUSP). Vice-coordenadora do Hospital Dia Infantil do Instituto de Psiquiatria do HCFMUSP e especialista em Linguagem. Mestre e Doutora em Ciências e Pós-doutora em Psiquiatria pela FMUSP. Master em Neurociências pela Universidade de Barcelona, Espanha. Professora e Coordenadora dos cursos de Neurociências e Neuroeducação pelo Centro de Estudos em Fonoaudiologia Clínica.

Antonio de Pádua Serafim

Professor do Departamento de Psicologia da Aprendizagem, do Desenvolvimento e da Personalidade e Professor do Programa de Neurociências e Comportamento no Instituto de Psicologia da Universidade de São Paulo (IPUSP). Coordenador do Laboratório de Estudos e Pesquisas em Avaliação Psicológica e Neuropsicológica – LEANPSI (IPUSP). Professor Supervisor no Núcleo Forense do Instituto de Psiquiatria do Hospital das Clínicas da Faculdade de Medicina da Universidade de São Paulo (IPq-HCFMUSP) entre 2014 e 2022.

AUTORAS

Milene da Silva Franco
Psicóloga, Pós-graduada em Neuropsicologia no Contexto Hospitalar pelo Instituto de Psiquiatria do Hospital das Clínicas da Faculdade de Medicina da Universidade de São Paulo (IPq-HCFMUSP). Pós-graduanda em Análise Comportamental Clínica pela Pontifícia Universidade Católica do Paraná (PUCPR).

Cristiana Castanho de Almeida Rocca
Psicóloga Supervisora do Serviço de Psicologia e Neuropsicologia, e em atuação no Hospital Dia Infantil do Instituto de Psiquiatria do Hospital das Clínicas da Faculdade de Medicina da Universidade de São Paulo (IPq-HCFMUSP). Mestre e Doutora em Ciências pela FMUSP. Professora Colaboradora na FMUSP e Professora nos cursos de Neuropsicologia do IPq-HCFMUSP.

Durante o processo de edição desta obra, foram tomados todos os cuidados para assegurar a publicação de informações técnicas, precisas e atualizadas conforme lei, normas e regras de órgãos de classe aplicáveis à matéria, incluindo códigos de ética, bem como sobre práticas geralmente aceitas pela comunidade acadêmica e/ou técnica, segundo a experiência do autor da obra, pesquisa científica e dados existentes até a data da publicação. As linhas de pesquisa ou de argumentação do autor, assim como suas opiniões, não são necessariamente as da Editora, de modo que esta não pode ser responsabilizada por quaisquer erros ou omissões desta obra que sirvam de apoio à prática profissional do leitor.

Do mesmo modo, foram empregados todos os esforços para garantir a proteção dos direitos de autor envolvidos na obra, inclusive quanto às obras de terceiros e imagens e ilustrações aqui reproduzidas. Caso algum autor se sinta prejudicado, favor entrar em contato com a Editora.

Finalmente, cabe orientar o leitor que a citação de passagens da obra com o objetivo de debate ou exemplificação ou ainda a reprodução de pequenos trechos da obra para uso privado, sem intuito comercial e desde que não prejudique a normal exploração da obra, são, por um lado, permitidas pela Lei de Direitos Autorais, art. 46, incisos II e III. Por outro, a mesma Lei de Direitos Autorais, no art. 29, incisos I, VI e VII, proíbe a reprodução parcial ou integral desta obra, sem prévia autorização, para uso coletivo, bem como o compartilhamento indiscriminado de cópias não autorizadas, inclusive em grupos de grande audiência em redes sociais e aplicativos de mensagens instantâneas. Essa prática prejudica a normal exploração da obra pelo seu autor, ameaçando a edição técnica e universitária de livros científicos e didáticos e a produção de novas obras de qualquer autor.

SUMÁRIO

Apresentação da Série Psicologia e Neurociências XI
Prefácio XIII

Introdução 1
Finalidade 5

SESSÕES

Sessão 1   Parentalidade e seus modelos de organização 7
Sessão 2   Os cuidados necessários para o desenvolvimento da criança 13
Sessão 3   Funcionamento do cérebro infantil 23
Sessão 4   Uso de castigos como forma de educar as crianças 31
Sessão 5   Dinâmica emocional e sua repercussão no desenvolvimento infantil 39
Sessão 6   Análise dos comportamentos da criança 49
Sessão 7   A importância da disciplina no cotidiano 59
Sessão 8   Monitoramento negativo e suas repercussões 69
Sessão 9   Comunicação infantil 79
Sessão 10   Responsividade emocional 87
Sessão 11   O desenvolvimento da relação com os filhos 97
Sessão 12   A importância de uma vida com valores 107

Referências 115
Índice remissivo 119
Slides 121

APRESENTAÇÃO DA SÉRIE
PSICOLOGIA E NEUROCIÊNCIAS

O processo do ciclo vital humano se caracteriza por um período significativo de aquisições e desenvolvimento de habilidades e competências, com maior destaque para a fase da infância e adolescência. Na fase adulta, a aquisição de habilidades continua, mas em menor intensidade, figurando mais a manutenção daquilo que foi aprendido. Em um terceiro estágio, vem o cenário do envelhecimento, que é marcado, principalmente, pelo declínio de várias habilidades. Este breve relato das etapas do ciclo vital, de maneira geral, contempla o que se define como um processo do desenvolvimento humano normal, ou seja, adquirimos capacidades, mantemos por um tempo e declinamos em outro.

No entanto, quando nos voltamos ao contexto dos transtornos mentais, é preciso considerar que tanto os sintomas como as dificuldades cognitivas configuram-se por impactos significativos na vida prática da pessoa portadora de um determinado quadro, bem como de sua família. Dados da Organização Mundial da Saúde (OMS) destacam que a maioria dos programas de desenvolvimento e da luta contra a pobreza não atinge as pessoas com transtornos mentais. Por exemplo, de 75 a 85% dessa população não tem acesso a qualquer forma de tratamento da saúde mental. Deficiências mentais e psicológicas estão associadas a taxas de desemprego elevadas a patamares de 90%. Além disso, essas pessoas não têm acesso a oportunidades educacionais e profissionais para atender ao seu pleno potencial.

Os transtornos mentais representam uma das principais causas de incapacidade no mundo. Três das dez principais causas de incapacidade em pessoas entre as idades de 15 e 44 anos são decorrentes de transtornos mentais, e as outras causas são muitas vezes associadas com estes transtornos. Estudos tanto prospectivos quanto retrospectivos enfatizam que de maneira geral os transtornos mentais começam na infância e adolescência e se estendem à idade adulta.

Tem-se ainda que os problemas relativos à saúde mental são responsáveis por uma grande quantidade de mortalidade e incapacidade, tendo participação em cerca de 8,8 a 16,6% do total da carga de doença devido às condições de saúde em países de baixa e média renda, respectivamente. Poderíamos citar como exemplo a ocorrência da depressão, com projeções de ocupar a segunda maior causa de incidência de doenças em países de renda média e a terceira maior em países de baixa renda até 2030, segundo a OMS.

Entre os problemas prioritários de saúde mental, além da depressão estão a psicose, o suicídio, a epilepsia, a demência, os problemas decorrentes do uso de álcool e drogas e os transtornos mentais na infância e adolescência. Nos casos de crianças com quadros psiquiátricos, estas tendem a enfrentar dificuldades importantes no ambiente familiar e escolar, além de problemas psicossociais, o que por vezes se estende à vida adulta.

Considerando tanto os declínios próprios do desenvolvimento normal quanto os prejuízos decorrentes dos transtornos mentais, torna-se necessária a criação de programas de intervenções que possam minimizar o impacto dessas condições. No escopo das ações, estas devem contemplar programas voltados para os treinos cognitivos, habilidades socioemocionais e comportamentais.

Com base nesta argumentação, o Serviço de Psicologia e Neuropsicologia do Instituto de Psiquiatria do Hospital das Clínicas da Universidade de São Paulo, em parceria com a Editora Manole, apresenta a série *Psicologia e Neurociências*, tendo como população-alvo crianças, adolescentes, adultos e idosos.

O objetivo desta série é apresentar um conjunto de ações interventivas voltadas inclusive para pessoas portadoras de quadros neuropsiquiátricos com ênfase nas áreas da cognição, socioemocional e comportalmental, além de orientações a pais e professores.

O desenvolvimento dos manuais foi pautado na prática clínica em instituição de atenção a portadores de transtornos mentais por equipe multidisciplinar. O eixo temporal das sessões foi estruturado para 12 encontros, os quais poderão ser estendidos de acordo com a necessidade e a identificação do profissional que conduzirá o trabalho.

Destaca-se que a efetividade do trabalho de cada manual está diretamente associado com a capacidade de manejo e conhecimento teórico do profissional em relação à temática a qual o manual se aplica. O objetivo não representa a ideia de remissão total das dificuldades, mas sim, da possibilidade de que o paciente e seu familiar reconheçam as dificuldades peculiares de cada quadro e possam desenvolver estratégias para uma melhor adequação à sua realidade. Além disso, ressaltamos que os diferentes manuais podem ser utilizados em combinação.

Os Editores

PREFÁCIO

Todos nós achamos que educar é fácil e que entendemos sobre o assunto... Afinal, fomos educados por alguém e deu certo. Certo? Errado... Ser pai e mãe, e educar, não é um processo simples e automático. O cuidado com nosso filho e a educação envolve um princípio básico de respeito ao indivíduo. Filho não é propriedade e respeitar a individualidade considerando questões ambientais e civis é o grande treinamento pelo qual todos os pais deveriam passar. Os valores que nossos filhos carregarão envolvem a estrutura e os conceitos familiares, porém, a individualidade de nossos filhos permite mudanças nesse roteiro que programamos para eles e disso não temos controle.

Quando trabalhamos com transtornos e dificuldades, esse quadro se agrava. Ser pais de uma criança com peculiaridades e comportamentos que muitas vezes não correspondem a regras impostas pela família ou pela sociedade traz uma sensação de impotência para a estrutura familiar e social que acaba ficando abalada e, muitas vezes, também doente em conjunto com a criança e o adolescente.

Nessa perspectiva, o trabalho que envolve os pais para orientá-los e acolhê-los no percurso da educação, do conhecimento e da manutenção da comunicação intrafamiliar torna-se um dos principais alvos da assistência a crianças e adolescentes. É aquela velha questão: "primeiro colocar a máscara de oxigênio no adulto para depois colocar na criança". Depois de 27 anos atuando diretamente com família e pacientes com transtornos relacionados à psiquiatria da infância e adolescência, tenho a certeza de que o tratamento para essa população se inicia com o cuidado e suporte familiar, principalmente aos pais.

Esse é um dos principais pontos que estruturam o trabalho do Hospital Dia Infantojuvenil do Instituto de Psiquiatria do Hospital das Clínicas da Faculdade de Medicina da Universidade de São Paulo. Em esquema de semi-internação, acompanhamos crianças e adolescentes com patologias psiquiátricas de difícil manejo e estabilização por um período de 3 meses, todos os dias, oferecendo suporte parental, terapias individuais e grupos de estimulação de habilidades cognitivas e socioemocionais.

Sem dúvida, esse é o grande diferencial do nosso trabalho: oferecer suporte aos pais e orientá-los com relação ao trabalho e ao manejo comportamental. Se a equipe multidisciplinar conseguir focar nesse objetivo, as chances de sucesso no tratamento aumentam de forma significativa. Não podemos esquecer a família e a fragilidade que um diagnóstico em psiquiatria provoca na estrutura e demanda dos pais.

Este livro, sem dúvida, desempenha um papel fundamental no apoio e na intervenção durante a fase da infância e adolescência. Que seja bem-vindo!

Telma Pantano

CONTEÚDO COMPLEMENTAR

Os *slides* coloridos (pranchas) em formato PDF para uso nas sessões de atendimento estão disponíveis em uma plataforma digital exclusiva (https:// https://conteudo-manole.com.br/cadastro/conversando-com-os-pais).

Utilize o *QR code* abaixo, digite o *voucher* parentalidade e cadastre seu *login* (*e-mail*) e senha para ingressar no ambiente virtual.

O prazo para acesso a esse material limita-se à vigência desta edição.

INTRODUÇÃO

A parentalidade se organiza diante de um processo de construção recíproca, o qual se sucede na interação entre pais e filhos. O funcionamento abarca as particularidades de ambos os indivíduos envolvidos na relação, a qual se consolida mediante os padrões comportamentais expostos por cada um[1,2].

O padrão organizado na interação parental é influenciado diretamente pelos modelos que foram concedidos, uma vez que esses estipulam as expectativas que devem ser sanadas, as quais costumeiramente são designadas pelo ambiente social, sobretudo o meio familiar[1].

A parentalidade pode ser ponderada por meio de dois padrões, os quais são bem delimitados socialmente: as exigências, as quais são influenciadas pelas expectativas acerca dos comportamentos dos filhos e determinam o que está adequado ou não para a faixa etária vigente, e a responsividade, a qual se estabelece pelo contato com a dinâmica emocional e possibilita a autonomia e a construção da autoestima[3].

A associação das variáveis mencionadas fomenta a estruturação de quatro estilos parentais, os quais são equacionados mediante a seguinte relação dos níveis de responsividade e exigências[4,5]:

- **Autoritativo**: elevados níveis de responsividade e exigência. Neste estilo, os genitores estipulam as regras acerca dos comportamentos que devem ser emitidos diante de condições que possam ser demandantes. A dinâmica é associada com a manifestação de afeto, em decorrência do respeito às diversas opiniões que possam ser apresentadas.
- **Autoritário**: elevado nível de exigência e reduzido grau de responsividade. Neste modelo, há tentativa de controlar sistematicamente os comportamentos dos filhos, estabelecendo regras que devem ser seguidas com significativa rigidez, não acatando as contribuições que possam ser realizadas pelas crianças, uma vez que os questionamentos não são recebidos com disponibilidade.

Os próximos estilos parentais foram estipulados a partir da revisão que MacCoby e Martin[3] realizaram. O modelo permissivo foi fracionado nas seguintes classes:

- **Indulgente**: reduzido nível de exigência e elevada responsividade. Este padrão inviabiliza o estabelecimento de enquadres acerca dos comportamentos que devem ser exibidos, não fomentando que o filho entre em contato com as responsabilidades que poderiam ser instituídas. O acolhimento indiscriminado é um aspecto que permeia a relação, dada a satisfação de todas as necessidades que podem ser manifestadas.
- **Negligente**: reduzidos níveis de responsividade e exigência. Este estilo dificulta a interação entre os genitores e filhos, uma vez que os pais ficam sob controle das próprias necessidades, não se atentando acerca das responsabilidades associadas com os cuidados parentais.

A interação estabelecida com os responsáveis auxilia os filhos a consolidarem repertórios que podem auxiliá-los nas relações sociais, colocando-os em uma posição favorável ou não. Observa-se que o estilo autoritativo viabiliza que seja aprendido um padrão de comunicação assertivo, com atitudes autônomas e independentes e com notória responsabilidade[6].

O modo como as relações se organizam dependem de diversos fatores, sendo, por exemplo, o gênero um aspecto que pode modelar o modo como os genitores se posicionam com os filhos. Observa-se que os responsáveis podem se mostrar mais exigentes com as meninas do que com os garotos[6]. Sugere-se que a dinâmica referida pode estar diretamente associada com os papéis de gênero e com as expectativas que são estabelecidas.

A percepção dos pais e dos filhos acerca dos pilares associados com a exigência e com a responsividade pode ser diferente. Entende-se que a perspectiva que os responsáveis podem exibir acerca dos seus comportamentos pode diferir da interpretação que crianças e adolescentes estabelecem[6]. Observa-se até mesmo que os responsáveis podem apresentar distintos estilos quando analisados separadamente, sendo que os filhos podem compreender que cada genitor apresenta uma maneira específica de se colocar no ambiente[7].

A configuração da relação parental propicia que o desenvolvimento dos filhos ocorra com maior fluidez, uma vez que passa a ser um ponto seguro e de referência[5]. Entende-se que variáveis ambientais podem dificultar o processo de interação, no entanto, é necessário que os pais estejam sensíveis às contingências que possam produzir efeitos prejudiciais, a fim de que possam administrar diferencialmente as condições, fomentando o desenvolvimento emocional[8].

A adaptação emocional é possibilitada na interação com os genitores, uma vez que esses concedem subsídios acerca dos repertórios adequados. O desenvolvimento, por exemplo, de comportamentos otimistas e com menor grau de passividade estão associados com responsáveis que apresentam estilo autoritativo, no entanto, a lógica se modifica diante de pais negligentes, os quais dificultam a aprendizagem de padrões ajustados diante de condições que possam ser demandantes[9].

O processo parental pode ser organizado mediante as seguintes práticas educativas, as quais desfavorecem ou não o desenvolvimento dos filhos[10]:

- **Monitoria positiva**: são os comportamentos que visam a expressão do campo emocional, mantendo-se sob controle das necessidades e das atividades dos filhos.
- **Comportamento moral**: são as atitudes associadas com os valores que devem estar na dinâmica social, dada a sensibilidade aos comportamentos adequados e inapropriados a depender da configuração ambiental.
- **Negligência**: refere-se à dificuldade dos responsáveis perceberem as diversas necessidades dos filhos, omitindo-se no processo parental, em decorrência da não compreensão do que está sendo solicitado.
- **Punição inconsistente**: manifesta-se quando os genitores não lidam adequadamente com o comportamento dos filhos, uma vez que reagem de acordo com as próprias vivências emocionais, as quais podem estar discrepantes da realidade.
- **Monitoria negativa**: relaciona-se com a fiscalização exacerbada que os responsáveis podem apresentar sobre os comportamentos dos filhos, tentando controlar todas as variáveis que podem se exibir no ambiente.
- **Disciplina relaxada**: as regras estabelecidas pelos genitores não são seguidas. Os limites não são estabelecidos, podendo deixar os filhos sem um enquadre determinado. Esse padrão ensina que as normas não são importantes, além de demonstrar que não há motivos para acatar o que figuras de autoridade apresentam e reforçam o comportamento de se esquivar das responsabilidades[10].

- **Abuso físico**: utilização de agressões físicas que geram algum tipo de dano no filho, enquanto justificativa para ensiná-lo algo.

Entende-se que as práticas citadas, como por exemplo a monitoria positiva e o comportamento moral, viabilizam a aproximação dos responsáveis com os filhos. Os outros padrões mencionados dificultam a interação apropriada, haja vista os sentimentos negativos que podem ser fomentados[11].

Os dados mencionados anteriormente demonstram a importância de se compreender o processo parental, propiciando contingências que sejam mais adaptativas, uma vez que por meio delas podem ser produzidas interações que sejam benéficas aos sujeitos envolvidos.

FINALIDADE

O programa de intervenção visa fomentar a ampliação de repertório dos responsáveis por crianças e adolescentes em internação psiquiátrica. Observa-se que a vivência de quadros psiquiátricos repercute na dinâmica familiar, dadas as dificuldades que podem ser propiciadas no processo de parentalidade.

As internações psiquiátricas infantis requisitam que os responsáveis acompanhem as crianças e os adolescentes, a fim de reverter o ambiente desconhecido em um meio familiar. Compreende-se que o espaço mencionado apresenta elevada potência para refletir sobre os comportamentos parentais, incentivando a instalação de práticas que produzam efeitos benéficos aos genitores e aos filhos.

A estruturação do programa se fundamentou nos constructos que permeiam a parentalidade, embasando-se nos estudos que investigam os comportamentos característicos da dinâmica familiar. As sessões grupais foram planejadas a fim de que os sujeitos possam refletir sobre o atual padrão relacional e consolidar recursos que possibilitem novas configurações de interação.

O programa interventivo apresenta um protótipo que possibilita aos responsáveis discutir temáticas vivenciadas na parentalidade, mas sem se posicionarem como indivíduos principais, uma vez que a exposição dos déficits e das dificuldades podem fomentar desconforto nos encontros, além de inviabilizar a discussão dos assuntos aventados.

Para tanto, como possibilidade de contorno da conjuntura exposta, as sessões abordam profusas temáticas por meio da utilização de narrativas fictícias, uma vez que é uma estratégia que viabiliza a aproximação com tônicas que podem ser desconfortáveis. Entende-se que o método recorrido permite que os sujeitos relatem espontaneamente suas experiências, sem se sentirem intimidados com a exposição direta.

As narrativas foram concebidas ponderando as vivências parentais gerais; por meio delas foram estruturados recursos que possibilitam o manejo das condições estabelecidas. Para tanto, entende-se que o objetivo principal do programa é estimular o repertório dos genitores, a fim de que fiquem sensíveis com seus comportamentos e com os produtos que podem ser acarretados aos seus filhos, consolidado recursos que sejam adaptativos às interações.

No suceder dos encontros, é previsto que os responsáveis realizem conexões entre as circunstâncias apresentadas e as próprias vivências, uma vez que essa é a primeira etapa para a tomada de consciência. O investimento na alteração de repertório ocorre quando os sujeitos passam a compreender as contingências que controlam as manifestações comportamentais.

A tomada de consciência em relação ao controle que o ambiente estabelece sobre as ações permite que comportamentos alternativos sejam aprendidos e mantidos no repertório. Para tanto, as intervenções propostas apresentam natureza psicoeducativa e estimulativa, visando a ampliação do padrão parental.

Entende-se que o encerramento dos grupos é um espaço de elevada potencialidade, dado que é possível investigar as vivências emocionais que podem ter sido evocadas com as atividades estabelecidas, além de servir de subsídio ao profissional, que deve adaptar as intervenções à realidade dos participantes.

Ressalta-se que as problemáticas apresentadas podem ser generalizadas para as diferentes dinâmicas familiares, uma vez que abordam as dificuldades manifestadas na interação com os filhos, tanto crianças, quanto adolescentes.

Os doze encontros foram organizados a partir das temáticas que permeiam a parentalidade. Percebe-se que as sessões são interdependentes, isto é, apesar dos assuntos estarem vinculados, não há uma conexão que encadeie os conteúdos intimamente.

O funcionamento referido facilita a participação de genitores que podem se ausentar em algum encontro, no entanto, enfatiza-se que é de suma importância a assiduidade às sessões e o engajamento na execução das atividades propostas.

A parentalidade exercida com efetividade propicia que o desenvolvimento das interações entre pais e filhos ocorra com adaptabilidade, fomentando consequências que sejam benéficas aos sujeitos implicados na relação.

SESSÃO 1 – PARENTALIDADE E SEUS MODELOS DE ORGANIZAÇÃO

Objetivo
Identificar, em conjunto com os participantes do grupo, o modelo de parentalidade de cada participante.

Temáticas abordadas
Modelo de parentalidade obtido e consolidado no histórico de interação ambiental, constatando, atualmente, os níveis de exigência e responsividade emocional com os filhos.

Material
Slides da Sessão 1 com a conceituação de algumas terminologias e folhas com atividades.

Introdução sobre o grupo de parentalidade

Slide 1.1.

"Quero conversar com vocês sobre o que vamos fazer ao longo desses 12 encontros. Vamos discutir pontos sobre a parentalidade, isto é, dos aspectos que aparecem ao longo do processo de ser mãe e pai. Antes de mais nada, gostaria que vocês me falassem as ideias que surgem quando falo a palavra parentalidade".

Perguntas para fomentar a participação
- "Ser mãe ou pai é um processo que envolve cobranças?"
- "Envolve sobrecargas?"
- "É permeado por afetos?"
- "Como vocês se sentem ocupando esse papel?"

Conceituação da parentalidade

Slide 1.2.

"Agora que conversamos sobre o que vocês acham desse processo, faço o convite para mergulharmos, em conjunto, nesse universo. Podemos entender a parentalidade como um padrão de características construído na interação dos pais com os filhos, logo, entendemos que cada relação vai ter suas particularidades".

"Podemos pensar na parentalidade como a moldura de um quadro, em que sabemos, de modo geral, o que deve ser feito, mas cada relacionamento entre pais e filhos vai gerar uma imagem diferente para ser colocada neste quadro".

Elementos que influenciam na parentalidade

Slide 1.3.

"A parentalidade se estabelece na relação dos pais com os filhos, cada interação vai ser única, até porque cada sujeito tem suas próprias características, mas isso não anula a influência que o ambiente social exerce sobre o que sabemos do processo de ser mãe e pai[1,2]. O que a nossa cultura nos ensina sobre parentalidade?"

Perguntas para fomentar a discussão

- "Por exemplo, quem geralmente exerce os maiores cuidados com os filhos?"
- "Uma mãe pode reclamar que está cansada de cuidar do filho? Como o ambiente recebe isso?"
- "Os pais podem bater nos filhos? Como as pessoas ao redor percebem esse tipo de comportamento?"
- "É aceitável que uma mãe continue realizando atividades que gosta de fazer em detrimento do cuidado com o filho?"

Slide 1.4.

"Todas essas situações que vocês relataram e responderam fazem parte do que a nossa cultura ensina sobre a parentalidade. Além de tudo isso que já conversamos, existe um ponto muito importante que exerce forte influência na maneira como lidamos com as crianças, que é o modelo que tivemos ao longo da vida. Como os pais de vocês eram?"

Convite para atividade sobre modelos de parentalidade adquiridos

Slides 1.5 e 1.6.

"Para que a gente possa conversar sobre família, vou entregar uma folha com uma árvore. Nessa folha, quero que vocês organizem como eram as suas famílias, mostrando quem estava próximo de vocês na infância e que ajudou no seu desenvolvimento [Atividade 1]".

Atividade 1

- Apresentar o grupo aos pais, explicando o propósito da intervenção e salientando a importância da participação de todos no andamento do grupo.
- Questionar como os participantes do grupo percebem a parentalidade deles, isto é, como é ser mãe/pai para eles.
- Em seguida, dizer que os modelos adquiridos ao longo do tempo interferem diretamente no modo como eles interagem com os filhos.
- A fim de materializar a conversa, entregar uma árvore para cada participante, alguns papéis coloridos cortados e alguns pregadores. Solicitar que os pais façam a árvore genealógica deles.
- Questionar como era a interação com os pais, os comportamentos característicos, como que eles percebiam os genitores.
- Por fim, questionar de que modo esses modelos atuam sobre a interação com os filhos hoje.

Perguntas para investigar o modelo familiar

Slide 1.7.

- "Como eram essas pessoas?"
- "Essas pessoas trabalhavam?"
- "Como era a rotina dessas pessoas?"
- "Vocês costumavam realizar atividades em conjunto?"
- "Quais eram as atividades de lazer de vocês?"

- "Conte-nos uma boa lembrança que tem com essas pessoas".
- "Conte-nos uma história que envolve dificuldades com essas pessoas".
- "Eles eram bravos? E rígidos?"
- "Quais foram as principais lições que eles te passaram?"
- "Como eles reagiam quando você apresentava uma atitude apropriada? E quando você se comportava de modo inadequado?"
- "De alguma forma, vocês percebem alguma repetição na maneira de agir com o seu filho? Há algo que seus pais faziam com você e que hoje você reproduz com seu filho?"

As exigências enquanto um dos pilares da parentalidade

Slide 1.8.

"Conforme conversamos sobre parentalidade, há dois pilares principais quando abordamos esse assunto. Podemos começar com as exigências, o que vocês entendem delas?"

Perguntas para ajudar na discussão
- "O que os pais devem esperar dos comportamentos dos filhos?"
- "O que os pais podem exigir dos filhos?"
- "Qual a importância das exigências?"
- "Exigir é semelhante a brigar ou discutir?"
- "De que forma podemos descobrir se está sendo cobrado muito ou pouco da capacidade da criança?"

Conceituação das exigências

Slide 1.9.

"Quando conversamos sobre exigências, estamos apontando para aqueles comportamentos que os pais esperam que os filhos apresentem. Então, podemos pensar que faz parte desse tópico as crianças irem bem na escola, respeitarem os outros e os pares, contribuírem nas atividades de casa, entre outras[3]".

"Nessas situações, os pais ajudam os filhos a entenderem as normas sociais e de que forma devem agir a depender do ambiente em que estão. Nesse sentido, podemos falar que os responsáveis são agentes socializadores, isto é, são pessoas que ajudam as crianças a se adaptarem nas relações[12]".

"Por fim, quando pensamos no que está incluído nas exigências, também abordamos a responsabilidade dos pais de supervisionarem os comportamentos dos filhos. É preciso lembrar que os responsáveis ajudam as crianças no processo de aprendizagem. Por conta disso, é importante observar como tem ocorrido o desenvolvimento dessas habilidades[3]".

A responsividade enquanto um dos pilares da parentalidade

Slide 1.10.

"O segundo pilar da parentalidade é a responsividade, isto é, a maneira como você age de acordo com o comportamento do seu filho. Como vocês geralmente agem quando seus filhos se comportam adequadamente? Vocês geralmente demonstram o que sentem? Qual a reação de vocês quando o comportamento está inapropriado?"

Conceituação da responsividade

Slide 1.11.

"Com base nas respostas de vocês, podemos resumir a responsividade como a maneira que os pais respondem às necessidades dos filhos, ou seja, de que modo compreendem o que os filhos precisam. Podemos incluir nessa categoria o apoio emocional prestado às crianças, a forma como o responsável age quando o filho chega em casa com uma nota abaixo do esperado ou quando ele ganha o campeonato de dança[3]".

As reações dos pais são indicativas para que as crianças comecem a construir a própria bagagem das emoções. O apoio emocional mencionado dá suporte para que os filhos possam se comportar de forma mais autônoma e independente, fortalecendo a autoestima[3].

Convite para atividade sobre os níveis de responsividade e exigências

Slide 1.12.

"Pensando em tudo que conversamos no grupo hoje, gostaria que vocês pensassem nos próprios comportamentos enquanto mães e pais. Vou entregar uma folha para cada um [Atividade 2, *slide* 1.13], nela estão os nossos termômetros das exigências e do suporte, o que chamamos de responsividade".

"Peço que vocês pensem na relação com os filhos de vocês e pintem os termômetros de acordo com os níveis de cobrança e suporte oferecidos a eles. Na base do termômetro ficam graus baixos de exigência e auxílio, no entanto, conforme for aumentando em direção ao topo, maiores serão os níveis".

Perguntas para estimular a discussão
- "Como vocês se sentem na relação com os filhos?"
- "De que maneira esses níveis de exigência e responsividade estão afetando a relação com seu filho?"
- "Essa forma de interagir está te aproximando ou te afastando do seu filho?"

SESSÃO 2 – OS CUIDADOS NECESSÁRIOS PARA O DESENVOLVIMENTO DA CRIANÇA

Objetivo
Discutir os cuidados necessários para o desenvolvimento infantil adequado.

Temáticas abordadas
Fatores que se interseccionam com a parentalidade e os preditivos requisitados para o cuidado apropriado, abordando a atenção ao desenvolvimento físico, emocional e social.

Material
Slides da Sessão 2 com a conceituação dos elementos e as histórias utilizadas nas discussões.

Introdução sobre a temática

Slide 2.1.
"Hoje vamos continuar nossa conversa sobre parentalidade, mas direcionando ao que as crianças e os adolescentes precisam para se desenvolverem adequadamente. No entanto, sabemos que há diversas variáveis que afetam a maneira como nos colocamos nas interações com os filhos. Gostaria de saber quais aspectos vocês acham que influenciam no modo como vocês se relacionam com os seus filhos".

Perguntas para estimular a discussão
- "Um dia estressante pode dificultar sua interação?"
- "Cansaço pode influenciar? E a presença de birras?"
- "Um problema não resolvido com alguém importante pode interferir?"

Fatores que se interseccionam com a parentalidade

Slide 2.2.

"Quando pensamos no dia a dia, somos 'atravessados' por muitos fatores e todos eles podem interferir na interação com seu filho. Podemos começar pelas características dos pais e dos filhos. Vamos pensar juntos: de que modo essas características podem facilitar ou dificultar o contato com as crianças?"

Perguntas para estimular a discussão

- "Os pais mais bravos facilitam ou dificultam o processo?"
- "E aqueles que geralmente são mais liberais? E os que são preocupados?"
- "Quando os filhos são mais explosivos? Quando os filhos são mais bagunceiros?"
- "Percebemos que as características de cada um interferem no modo como a relação vai se organizando[13]. Também temos a influência do ambiente. Gostaria de saber de vocês de que modo o meio se associa com a parentalidade".
- "Um ambiente mais estressante dificulta ou facilita?"
- "E um ambiente organizado?"
- "E um meio cheio de conflitos?"

"O ambiente é fundamental e se associa diretamente com o modo que vocês se relacionam com as crianças, uma vez que somos 'atravessados' diariamente pelo que acontece ao nosso redor[14]. Outro ponto importante que se associa com o que estamos trabalhando é a qualidade da interação com os filhos, que abarca o modo como vocês conversam, resolvem problemas e pedem ajuda[15]. O que facilita ou dificulta nesse processo?"

Perguntas para estimular a discussão

- "Brigas frequentes ajudam ou não na relação?"
- "E a presença de xingamentos?"
- "E a manifestação de carinho e cuidado?"

"Além de tudo que já conversamos aqui, percebemos que a presença de pessoas que possam te ajudar nesse processo é necessário, no entanto, também é um aspecto que pode facilitar ou não o caminho. Em quais momentos é importante ter pessoas ao seu redor? Em quais condições a presença dessas pessoas pode ser prejudicial?"

Perguntas para estimular a discussão

- "Quando uma pessoa próxima de você começa a dar sugestões sobre o que deve ser feito com seu filho, isso é favorável para o desenvolvimento dele ou não?"
- "E uma pessoa que tenta invadir seu espaço e tirar o seu papel?"
- "As crenças também podem auxiliar ou não na maneira como você interage com a criança, uma vez que essas são regras que vamos aprendendo ao longo do tempo[16]. O que você já ouviu sobre o processo de ser mãe ou pai?"
- "Você já ouviu as seguintes frases? O que elas querem dizer?"
  - "Se não aprende no amor, aprende pela dor".
  - "Na primeira e na segunda vez a gente conversa, na terceira vez a conversa vai ser de outro jeito".
  - "Você não pode se irritar com seu filho, você deveria estar feliz".

"Por fim, as condições que estão ao seu redor também podem afetar como você lida com seu filho. Nesse cenário, estamos pensando em situações maiores, como a cultura em que estamos inseridos, o contexto econômico e social[14]. Vocês percebem alguma influência desses elementos?"

Perguntas para estimular a discussão

- "Uma mãe que não consegue comprar algo que o filho quer pode agir de forma diferente com ele?"
- "O fato de ser menino ou menina faz com que você se comporte diferente?"

Introdução sobre os cuidados necessários para o desenvolvimento infantil

Slide 2.3.

"Agora que conversamos sobre todos esses fatores que podem facilitar ou não a relação com as crianças e os adolescentes, podemos abordar os cuidados necessários no cotidiano para que eles se desenvolvam de modo adequado. O que vocês entendem por cuidado? Quais são os cuidados que uma criança precisa receber? Vou contar algumas histórias para vocês, ao final quero saber o que vocês acham da situação".

Apresentação da História 1

Slides 2.4 e 2.5.

"Aninha acordou atrasada para ir à escola e, por conta da correria, acabou não comendo antes de sair de casa. Para piorar a situação, a mãe de Aninha não colocou o lanche dela na mochila, por conta disso a menina passou o dia todo sem se alimentar. O que vocês acham da situação?"

Perguntas para estimular a discussão

- "A mãe de Aninha teve cuidado com ela?"
- "Como a mãe de Aninha pode ter se sentido nessa situação?"
- "Como Aninha pode ter se sentido?"
- "O que a mãe poderia fazer para evitar que situações assim aconteçam?"
- "Como a mãe de Aninha poderia explicar o que aconteceu para a menina?"
- "Como a mãe de Aninha pode orientá-la para lidar com situações desse tipo?"

Possibilidades para lidar com a situação

- "A mãe poderia colocar um despertador para lembrar de fazer o lanche?"
- "A mãe poderia conferir todos os dias antes da menina sair?"
- "A mãe poderia pedir para a filha lembrá-la de fazer o lanche caso esquecesse?"
- "Dependendo da idade da menina, a mãe pode ensinar a garota a se antecipar diante dessas situações?"

A situação apresentada possibilita pensarmos sobre como a mãe de Ana poderia utilizar essa situação para ensiná-la a ser autônoma. As alternativas são inúmeras, sendo que, a depender da idade, a garota ainda poderia aprender a fazer o próprio lanche, no entanto, pensando que a menina pode ser um pouco mais nova, a mãe poderia orientá-la a conferir a lancheira antes de sair de casa e indicar o que deveria ser feito caso o lanche não estivesse lá. Ou, como modo de se precaver, a mãe poderia fazer o lanche da semana no final de semana, assim não teria impasses durante as manhãs.

Apresentação da História 2

Slides 2.6 e 2.7.

"O dia amanheceu muito frio, daqueles de congelar a ponta do nariz, e justamente na hora de sair com os pais, Mateus não queria vestir uma roupa quentinha. O menino fez o maior auê para não vestir o agasalho, porém os pais estavam certos de que se Mateus saísse do jeito que gostaria, voltaria gripado para casa. Depois de muita insistência, o menino aceitou colocar a roupa. O que vocês acham da situação?"

Perguntas para estimular a discussão
- "Os pais cuidaram do garoto?"
- "Como os pais podem ter se sentido nessa situação?"
- "E Mateus, como pode ter se sentido?"
- "O que vocês achariam se eles tivessem deixado o menino sair com a roupa que gostaria?"
- "Quais outras possibilidades para lidar com a situação?"

Possibilidades para lidar com a situação

Uma possibilidade para lidar com a situação apresentada é apresentar um número limitado de opções para que a criança escolha uma entre as fornecidas.

Cuidados com teor físico

Slide 2.8.

"As situações sobre as quais acabamos de conversar são entendidas como cuidados físicos, ou seja, que se preocupam com a parte básica do desenvolvimento, isto é, com a alimentação, com a higiene, com o sono e até mesmo com o lazer[17]. Esses cuidados são importantes para que as crianças não se machuquem no dia a dia e para evitar que elas adoeçam. Agora vamos ver mais algumas histórias".

Apresentação da História 3

Slides 2.9 e 2.10.

"Gustavo chegou em casa chateado por não ter ido bem em uma prova na escola. Como forma de tentar lidar com essa situação, o menino resolveu contar aos pais sobre a nota baixa e, por conta disso, os pais ficaram muito irritados e começaram a brigar com o menino. O que vocês acham da situação?"

Perguntas para estimular a discussão

- "O que vocês acham da postura dos pais do garoto?"
- "Esse tipo de comportamento aproxima ou afasta a criança dos pais?"
- "Como vocês acham que o garoto se sentiu diante da resposta dos pais?"
- "De que outro modo os pais do menino poderiam ter agido?"

Possibilidades para lidar com a situação

Observa-se que a postura dos pais não contribui para que o garoto amplie seu repertório, dado que ele sabe o que não deve fazer, mas não há a formação de alternativas para lidar com o ocorrido.

Para tanto, entende-se que os pais poderiam preparar um quadro de rotina, elencando as atividades que o menino deve realizar diariamente. Além de observar as dificuldades que o menino tem no contexto acadêmico, essas observações podem ocorrer, por exemplo, quando ele está fazendo a lição de casa. O caminho citado possibilita que os pais ajudem com maior tranquilidade no processo de aprendizagem.

Apresentação da História 4

Slides 2.11 e 2.12.

"Os pais de Manuela sempre discutem na frente da menina. Nesses momentos, eles acabam falando coisas terríveis, Manuela fica muito triste com a situação, porque sempre acha que é a responsável por essas brigas. O que vocês acham dessa situação?"

Perguntas para estimular a discussão

- "O que vocês acham que os pais da garota estão ensinando para ela?"
- "Como vocês acham que a garota se sentiu?"

- "De que modo os conflitos entre os pais repercutem nas crianças?"
- "O que os pais poderiam fazer para evitar esse tipo de situação?"

Possibilidades para lidar com a situação

Os pais da menina deveriam compreender que o modo como interagem torna-se modelo para a garota, principalmente no que se refere à resolução de problemas. O cenário referido demanda que os pais conversem nos momentos em que a menina não esteja presente, principalmente se compreendem que podem ter comportamentos ofensivos.

Se o conflito necessariamente precisa acontecer naquele momento, os pais poderiam se monitorar com o uso de xingamentos, utilizando outras palavras que demonstram a insatisfação. Outra possibilidade de reação é se afastar momentaneamente do par, a fim de que eles se acalmem, para solucionarem o conflito com maior fluidez.

Cuidados de cunho emocional

Slide 2.13.

"As histórias que acabamos de apresentar se referem aos cuidados com o desenvolvimento emocional da criança. Essa dinâmica ajuda a criança a se organizar afetivamente, sentindo-se acolhida, para que assim possa desenvolver uma interação segura com o ambiente em que se encontra[18,19]. Dessa forma, auxilia no desenvolvimento de um senso de dignidade na criança, permitindo que ela se sinta respeitada por quem está ao seu redor. Vamos agora para o último tipo de cuidado e para isso vou contar mais algumas histórias para vocês".

Apresentação da História 5

Slides 2.14 e 2.15.

"Hoje foi o primeiro dia de aula da Alice. No começo ela estava com medo, por ser um lugar totalmente diferente. Os pais de Alice aproveitaram essa situação para conversar com ela e acolheram todos esses medos. No final do dia, a menina estava contente por ter enfrentado os receios e contou tudo que fez na escola. O que vocês acham dessa situação?"

Perguntas para estimular a discussão
- "O que vocês acham do comportamento dos pais?"
- "Como vocês acham que a menina se sentiu?"
- "O que os pais estão ensinando para a garota?"
- "Se os pais tivessem conversado com a filha ao final do dia, como possivelmente ela teria se sentido?"
- "Vocês acham que há outros modos de lidar com essa mesma situação?"

Possibilidades para lidar com a situação

O acolhimento dos pais é algo que modifica o modo como a criança entra em contato com os próprios sentimentos. Observa-se que estar sensível às necessidades da criança reverbera na maneira como ela estrutura seu campo emocional, uma vez que percebe que sentir medo não é inadequado, ainda mais diante de situações novas.

Se os pais tivessem ignorado as necessidades da filha, em decorrência da correria do dia a dia, possivelmente teriam perdido a oportunidade de sensibilizá-la quanto às próprias vivências emocionais. Se tivessem brigado com a menina, acabariam demonstrando que sentir é inadequado, ainda mais sendo algo de valência negativa.

Apresentação da História 6

Slides 2.16 e 2.17.

"Jonas é um garoto que sempre está conectado nas telinhas, seja no celular, computador ou na televisão. A mãe de Jonas sempre fica brava com o menino, ela fala e fala com ele, mas o garoto nem escuta. Hoje foi um desses dias, ela o levou para passear, mas ele não queria saber de outra coisa que não fosse o joguinho do celular. O que vocês acham da situação?"

Perguntas para estimular a discussão
- "Como vocês acham que a mãe do garoto deve ter se sentido?"
- "Quais são os efeitos produzidos a partir do consumo de tecnologia?"
- "O que o menino está perdendo quando fica por muito tempo no celular?"
- "Se vocês estivessem na situação dela, o que vocês teriam feito?"

Possibilidades para lidar com a situação

O uso de tecnologia repercute no desenvolvimento cerebral, uma vez que ativa uma área que está relacionada com ganhos e prejuízos, os quais estão associados com dificuldades atencionais, isolamento social, maior dependência desses equipamentos e problemas de sono[20].

A mãe do garoto poderia, indiretamente, retirá-lo das telas, podendo acrescentar outras atividades no seu dia a dia, a fim de ampliar esse repertório até então limitado. Outra possibilidade é estruturar uma rotina em que há uma delimitação para o uso do celular e afins. Deve-se ressaltar que, inicialmente, a mãe precisa ser firme com esses horários, uma vez que o filho pode apresentar comportamentos extremos, com o intuito de obter os estímulos.

Cuidados de teor social

Slide 2.18.

"As condições trabalhadas agora estão atreladas aos cuidados com o desenvolvimento social. Sabemos que as crianças precisam do contato com outros sujeitos, para que aprendam a conviver em sociedade, uma vez que é um dos caminhos para aprender sobre regras, respeito às diferenças e sobre como se comportar quando se está com outras pessoas[21]".

"O acesso ao meio social permite que as crianças entendam o funcionamento da sociedade, conseguindo se integrar por meio da construção de vínculos. Esses espaços permitem que aprendam a se comportar de diferentes maneiras, a depender do contexto em que estiverem. Vocês percebem influências sociais na sua maneira de se relacionar com seus filhos?"

Perguntas para estimular a discussão

- "Nosso comportamento era igual ao de quando estávamos na escola e na roda com os amigos?"
- "Quando estamos no almoço em família, qual seria o nosso comportamento esperado?"
- "E quando estamos em uma festa? E quando estamos com pessoas fazendo algum ritual religioso?"
- "Para encerrarmos o dia, percebemos que as crianças e os adolescentes precisam de auxílio para se desenvolverem da melhor forma. Gostaria de saber como estão os cuidados de vocês com seus filhos".

Perguntas para estimular a discussão

- "De que forma vocês percebem o desenvolvimento dos seus filhos?"
- "O desenvolvimento está apropriado ou não para a faixa etária?"
- "Tem algum cuidado que não é abarcado do modo como deveria? Se sim, o que você pode fazer em relação a isso?"
- "Tem algum tipo de cuidado que você acha mais importante ou menos importante do que os outros?"

SESSÃO 3 – FUNCIONAMENTO DO CÉREBRO INFANTIL

Objetivo
Averiguar o funcionamento do cérebro da criança e de que modo sua organização repercute nas manifestações comportamentais.

Temáticas abordadas
Organização do cérebro, explicitando as funções distribuídas entre os lobos cerebrais, interação do cérebro com o ambiente, condições que podem ser moduladoras desse sistema.

Material
Slides da Sessão 3 com a explicação sobre o sistema nervoso infantil e folha com atividade.

Introdução sobre a temática

Slide 3.1.
"No encontro passado conversamos sobre os cuidados necessários para o desenvolvimento adequado da criança. Hoje vamos falar sobre o funcionamento do cérebro da criança e de que modo os cuidados propiciados por vocês podem ajudar no amadurecimento dos seus filhos".

Funções do cérebro

Slide 3.2.
"Antes de mais nada, gostaria de saber o que vocês acham que nosso cérebro faz, qual a função desse órgão? Bem, ele faz parte de um sistema chamado sistema nervoso e comanda praticamente todas as ações do nosso corpo. O

cérebro processa as informações que chegam até nós, permitindo-nos agir de acordo com o que lemos no ambiente[22]".

"O cérebro tem porções definidas, que chamamos de lobos, estes estão interligados e permitem que a gente se comporte de modo adequado. Cada lobo é responsável por algumas funções[23] extremamente importantes para o nosso dia a dia. Vamos conversar sobre cada uma, mas, para isso, vou entregar uma folha para vocês (Atividade 1 – *slide* 3.9), para que vocês possam pintar os lobos conforme conversarmos sobre cada um".

Função do lobo occipital

Slide 3.3.

"O primeiro lobo que vamos conversar é o occipital, o que vocês acham que ele comanda? Esse lobo é responsável por processar as informações visuais, ou seja, as imagens que estamos vendo estão sendo interpretadas por essa área[23]. Agora pintem esse lobo no papel que vocês receberam".

Função do lobo parietal

Slide 3.4.

"Agora, vamos conversar sobre o lobo parietal, vocês o conhecem? Ele é especializado em responder em condições de muito calor ou frio, regulando nossa temperatura corporal. A percepção de dor também fica sob comando dessa área, ou seja, quando nos machucamos, esse lobo é ativado e então percebemos a dor[23]. Agora é a vez de vocês colorirem esse lobo no papel que receberam".

Função do lobo temporal

Slide 3.5.

"O lobo seguinte é o temporal. Quais funções vocês acham que ele controla? Essa área é responsável pelo reconhecimento das emoções, aquelas que sentimos quando estamos diante das várias situações. As emoções podem ser entendidas como reações que são ativadas no nosso corpo[23]. Vocês conseguem dar exemplos de emoções?"

Perguntas para estimular a discussão
- "Medo é uma emoção? E em quais momentos essa emoção é ativada?"
- "E raiva? Em quais momentos essa emoção é ativada?"
- "E alegria? Em quais momentos essa emoção é ativada?"
- "E nojo? Em quais momentos essa emoção é ativada?"

Função do lobo frontal

Slide 3.6.

"Nosso último lobo é o frontal e ele é responsável por várias funções[23]. Começando com o planejamento, vocês sabem o que é isso? De que forma vocês se planejam? [Após respostas dos participantes, prosseguir com explicação a seguir.] O planejamento é necessário para a execução de várias tarefas, por meio dele conseguimos gerenciar as etapas para a conclusão de uma atividade[24]. Como podemos planejar as tarefas que estão presentes no dia a dia?"

Perguntas para estimular a discussão
- "O auxílio de uma agenda facilita no cotidiano?"
- "Transformar tarefas grandes em menores pode ajudar?"
- "E o estabelecimento de prioridades?"

Slide 3.7.

"A segunda função dessa área é sustentar informações para que possam ser feitas algumas atividades. Sabe quando vocês pedem as crianças para arrumar a cama, tirar o lixo do quarto, lavar e guardar a louça? Então, elas precisam manter essas informações *online* na memória operacional para que consigam seguir o que está sendo pedido. Vocês percebem se seus filhos exibem alguma dificuldade em fazer o que vocês pedem[25]?"

"Algumas crianças apresentam um funcionamento diferente, ou lembram do começo da frase ou do final dela e o que está no meio não fica guardado. Essas dificuldades mostram que não é viável falar várias coisas ao mesmo tempo, porque muitas informações podem ser perdidas no meio do caminho. O que pode ser feito então?"

Perguntas para estimular a discussão
- "Discutir com a criança até que ela faça algo é um caminho?"
- "Pedir uma coisa por vez?"

- "Fazer anotações e deixar exposto o que deve ser feito?"
- "Quais outras possibilidades para lidar com essa situação?"

Possibilidades para lidar com a situação

"Entendemos que ter que explicar a mesma coisa várias vezes é um processo que envolve extremo desgaste aos pais. Para tanto, sabemos que há outras possibilidades para lidar com essa situação, podendo ocorrer a solicitação de uma tarefa por vez, assim a criança não se perde no que deve ser realizado. O uso de uma agenda também pode auxiliar nesse processo, uma vez que pode ser revisitada sempre que necessário, até mesmo a estruturação de um quadro de rotina pode ajudar no processo".

Slide 3.8.

"Por fim, nossa última função é a tomada de decisão. Esse processo envolve diretamente a ponderação entre os benefícios e os malefícios, visando atingir a melhor escolha possível[26]. Agora vamos pintar o lobo frontal".

O cérebro reativo e o flexível

Slide 3.10.

"Pensando em tudo que conversamos agora, entendemos que as crianças precisam ter o acesso a um ambiente adequado para que possam se desenvolver apropriadamente, permitindo que interajam com o ambiente e adquiram o melhor que pode ser oferecido. A depender do que acontece neste intervalo, o cérebro da criança pode ficar um pouco mais reativo ou flexível[27]".

O cérebro reativo

Slide 3.11.

"Como vocês acham que funciona o cérebro reativo? O cérebro bravo ou reativo observa o mundo como um lugar perigoso, um espaço que gera muito desconforto, já que os problemas são vistos como paralisantes e sem possibilidades de mudança. É comum que as crianças sejam mais rígidas, ou seja, que tenham dificuldade em mudar o comportamento caso seja necessário[27]. Em algum momento vocês já perceberam o cérebro reativo dos seus filhos?"

Perguntas para estimular a discussão

- "Em quais situações o cérebro reativo pode aparecer?"
- "Será que as crianças com cérebro reativo sempre serão assim?"
- "Quais sentimentos vocês acham que crianças com cérebro reativo sentem?"
- "Em situações que não tem suas vontades atendidas, como essas crianças se sentem?"
- "Em situações novas, com o auxílio dos pais, como essas crianças podem se sentir?"

O cérebro flexível

Slide 3.12.

"Como contraponto, temos o cérebro flexível ou tranquilo, que está disponível para as experiências, que observa os problemas como oportunidades para ampliar aquilo que já sabe, que exibe maior disponibilidade para atender aos acordos apresentados pelos pais[27]. Vocês já perceberam o cérebro flexível dos seus filhos?"

Perguntas para estimular a discussão

- "Em quais situações o cérebro flexível pode aparecer?"
- "Será que as crianças com cérebro flexível sempre serão assim?"
- "Quais sentimentos vocês acham que crianças com cérebro flexível sentem?"
- "Em situações novas, sem o auxílio dos pais, como essas crianças podem se sentir?"

Apresentação de situações como meio de consolidar novos comportamentos

Slide 3.13

"Refletindo sobre essas condições, podemos falar que o ambiente exerce forte influência sobre o desenvolvimento desses cérebros. Como forma de entendermos isso, vou contar algumas situações para vocês e, ao final, quero que me contem as suas opiniões sobre o que foi apresentado".

Apresentação da História 1

Slides 3.14 e 3.15.

"Quando os pais da Maria a levam para fazer um piquenique no parque, eles estão ajudando no desenvolvimento da menina?"

Perguntas para estimular a discussão
- "Como vocês acham que a menina se sentiu?"
- "Qual a importância desses momentos em família?"
- "Qual o efeito na relação com os pais?"
- "Se os pais ficassem em casa com a garota, como ela poderia se sentir?"
- "Se o piquenique for no quintal de casa, ainda estão ajudando no processo?"

Os momentos em família auxiliam no desenvolvimento da criança, uma vez que essa se sente cuidada e acolhida pelos pais. Além disso, esses espaços de diversão contribuem para que a criança aprenda a socializar com outros sujeitos.

Apresentação da História 2

Slides 3.16 e 3.17.

"Pedro e Laura estão no sítio e queriam muito brincar pelo lugar, mas seus pais têm muito medo de que eles se machuquem. O que vocês acham dessa situação?"

Perguntas para estimular a discussão
- "De que modo a postura dos pais está influenciando o desenvolvimento das crianças?"
- "Como vocês acham que os irmãos se sentiram?"
- "O que os pais estão ensinando para as crianças?"
- "A superproteção gera qual tipo de efeito nas crianças?"
- "Quais alternativas poderiam ser implementadas pelos pais?"

Possibilidades para lidar com a situação

"A superproteção pode gerar a sensação de incapacidade nas crianças, uma vez que essas passam a duvidar do que podem fazer, dada a interpretação de que o ambiente é extremamente ameaçador. Os pais dos garotos poderiam instituir outras possibilidades como brincar em conjunto com os filhos ou deixá-los se divertir e monitorar o que estava sendo realizado".

Apresentação da História 3

Slides 3.18 e 3.19.

"Era para ser a noite de jogos da família, mas o pai teve que responder aos problemas do trabalho, a mãe está respondendo mensagens do grupo da família e as crianças estão jogando. O que vocês acham da situação?"

Perguntas para estimular a discussão

- "De que forma essa condição impacta no desenvolvimento das crianças?"
- "Esse tipo de comportamento dos pais aproxima ou distancia as crianças?"
- "Como as crianças podem ter se sentido diante da condição exposta?"
- "O uso das tecnologias aproxima ou distancia os pais dos filhos?"
- "O que está sendo dito de maneira implícita para os filhos?"
- "O que poderia ser feito para reparar esse tipo de situação?"

Possibilidades para lidar com a situação

"Os pais podem passar a mensagem de que há outros assuntos mais importantes do que os filhos, funcionamento que pode fazer as crianças se questionarem sobre o sentimento que permeia a relação. Entendemos que as prioridades se alteram a depender do que está acontecendo no ambiente, no entanto, as mudanças devem ser comunicadas aos filhos, para que eles sejam incluídos na dinâmica".

"Outro ponto importante está relacionado a tentar encaixar esse momento em família em outro período, para que assim seja transmitida a mensagem de que os pais gostam desse contato e se importam com os filhos".

Apresentação da História 4

Slides 3.20 e 3.21.

"Os pais de Felipe e Luana deixaram as crianças brincarem com alguns primos. Nesse dia, eles fizeram de tudo, correram na rua, brincaram de escolinha e tudo mais. O que vocês acham da postura desses pais?"

Perguntas para estimular a discussão

- "De que forma essas vivências ajudam no desenvolvimento das crianças?"
- "Como vocês acham que as crianças se sentiram?"
- "Qual a importância de estarem em contato com crianças da mesma faixa etária?"
- "Brincar é importante para o desenvolvimento?"
- "O que é desenvolvido nessas situações?"
- "Há outras possibilidades para lidar com a situação?"

Possibilidades para lidar com a situação

Slide 3.22.

"O contato com pessoas da mesma faixa etária ajuda as crianças a desenvolverem habilidades sociais, relacionadas com os comportamentos necessários na interação com outras crianças[28]. Podemos encerrar o grupo demonstrando que as experiências ao longo do tempo afetam o desenvolvimento da criança e do adolescente. Grande parte das situações que acontecem afetam diretamente o modo como eles se percebem e percebem o ambiente, podendo ajudar no desenvolvimento de um cérebro mais reativo ou flexível".

SESSÃO 4 – USO DE CASTIGOS COMO FORMA DE EDUCAR AS CRIANÇAS

Objetivo
Identificar, em conjunto com os participantes do grupo, comportamentos que podem fomentar algum tipo de violência contra a criança.

Temáticas abordadas
Comportamentos que podem ser usados como forma de punir as ações das crianças, nomeação de condutas violentas para o desenvolvimento.

Material
Slides da Sessão 4 com a nomeação de algumas vivências que podem ser violentas, folha de sulfite e lápis de cor.

Introdução sobre a temática

Slide 4.1.
"Hoje vamos conversar sobre o uso de castigos na interação com crianças, e de que maneira afetam tanto o desenvolvimento delas quanto a qualidade da relação com os pais. Mas antes de começarmos a discutir esse ponto, gostaria de saber o que vocês entendem por castigos".

Convite para atividade

Slide 4.2.
"Vou entregar uma folha de sulfite para cada um de vocês e aqui na mesa estarão lápis de várias cores. Gostaria que anotassem nestas folhas as palavras que vêm à mente quando falo sobre castigo. Apenas escrevam o que vocês acham sobre castigos e no final vamos conversar sobre o que for apresentado".

Perguntas que podem estimular a discussão
- "Como foi fazer essa atividade?"
- "Como vocês se sentiram realizando a tarefa?"

"Agora que realizamos nossa primeira atividade, vamos prosseguir trabalhando com esse assunto. No encontro de hoje vou apresentar algumas histórias para vocês e vamos discutir a situação, pensando em outras possibilidades para lidar com o que foi exposto".

Apresentação da História I

Slides 4.3 e 4.4.

"Sandra e Paulo estavam há um bom tempo em conflito, isso estava impactando Pedro, filho do casal. Até que um dia Paulo resolveu sair de casa, Pedro chorou, esperneou pedindo que o pai ficasse, porém o homem não o escutou, foi embora e nunca mais voltou. Pedro desde então sofre muito com a ausência do pai, o garoto já tentou contato por todos os lugares, mas o homem não o responde. O que vocês acham dessa situação?"

Perguntas que podem estimular a discussão
- "Como vocês acham que o menino se sentia com os conflitos que estavam presentes antes do pai ir embora?"
- "Como vocês acham que o menino se sentiu com o que aconteceu?"
- "O que vocês acham do comportamento do pai? E da mãe?"
- "A atitude do pai aproxima ou distancia o filho?"
- "O que poderia ser feito na atual condição?"

Possibilidades para lidar com a situação

Pode-se conceder um espaço para que o menino converse sobre como se sente na relação com seu pai; podem ser feitas perguntas como "Vi que você tentou conversar com seu pai hoje e parece que ele não te atendeu, como você está se sentindo com isso?". A mãe pode tentar contato com o ex-marido, a fim de explicar como o filho se sente e, a depender do cenário colocado, o garoto pode ser acompanhado por um profissional.

A situação que acabamos de discutir se enquadra no que chamamos de negligência emocional, a qual ocorre quando desconsideramos os efeitos emocionais gerados nas crianças, em decorrência das nossas ações[29]. Quando o pai de Pedro deixa de respondê-lo e encerra os vínculos, o garoto perde um ponto de referência importante, e pode pensar que suas necessidades ou desejos não são tão importantes.

Deve-se ressaltar que a separação de um relacionamento é possível, dada a possibilidade de distanciar os papéis, no entanto não há o encerramento do vínculo entre pais e filhos.

Apresentação da História 2

Slides 4.5 e 4.6.

"Maria e João estão separados desde os 4 anos de idade de Bruno. O menino fica com os pais de modo alternado, sendo algumas semanas com um e algumas com o outro, e toda vez o menino sai confuso, porque geralmente os pais falam sobre o que poderia ser feito se o garoto ficasse definitivamente na casa de um deles. O pai fala que a mãe não sabe lidar com o menino, e que se caso ficasse com ele, eles sempre sairiam e fariam coisas muito legais. Já a mãe fala que se ele a escolhesse, poderia montar o quarto dos sonhos do menino e daria vários presentes legais. O que vocês acham dessa situação?"

Perguntas para estimular a discussão

- "Como vocês acham que o menino se sentiu com o que aconteceu?"
- "O que vocês acham do comportamento do pai? E da mãe?"
- "A atitude dos pais gera aproximação ou distanciamento do filho?"
- "A ambivalência que os pais produzem no filho é benéfica para o desenvolvimento dele?"
- "O que poderia ser feito na atual condição?"

Possibilidades para lidar com a situação

A criança deve estar em um ambiente que não imponha esse tipo de dúvida, sendo necessário que nos dois espaços sinta-se acolhida e cuidada. Não é indicado que os conflitos que podem permear a relação dos genitores sejam transferidos deliberadamente aos filhos.

A criança neste cenário deve ter dois espaços seguros, não valorizando apenas as vantagens de estar em um lugar em detrimento de outro. Os dois cenários devem viabilizar a interação adequada com o ambiente, e possíveis conflitos do ex-casal devem ser resolvidos em outro momento, apenas entre eles.

A situação que abordamos agora demonstra a manipulação emocional que uma pessoa que exerce alguma influência na vida da criança tenta sugestioná-la a escolher uma posição em detrimento da outra. Esse tipo de atitude geralmente está atrelado aos interesses pessoais do adulto[30].

No caso apresentado, o menino deve ficar extremamente confuso, uma vez que há tentativas de fazê-lo escolher um dos pais, a partir do que pode ser oferecido, colocando o outro em uma posição desfavorável. Ensina-se, de algum modo, que o ter prepondera ao ser, ou seja, ganhos materiais se sobrepõem ao acolhimento, trocas afetivas etc.

Apresentação da História 3

Slides 4.7 e 4.8.

"Os pais de Joana sempre discutem na frente dela, as brigas geralmente são feias, eles não se importam de se xingar e falar palavrões, mas a grande verdade é que Joana fica muito chateada. A menina sempre se esconde na sala, chora e pensa que é a grande culpada dessas discussões. O que vocês acham dessa situação?"

Perguntas para estimular a discussão

- "Como vocês acham que a menina se sentiu com o que aconteceu?"
- "O que vocês acham do comportamento do pai? E da mãe?"
- "Qual modelo os pais estão dando para a filha?"
- "Quais são os efeitos que a garota pode sentir por presenciar os conflitos?"
- "O que poderia ser feito nessa condição?"

Possibilidades para lidar com a situação

Evitar as discussões na frente da menina, mas se a discussão for inevitável, que elas ocorram sem ofensas, uma vez que os pais são modelos para as crianças. Se embates extremos acontecerem, é importante que Joana seja acolhida, sendo abordada como está se sentindo, podendo ser feitas perguntas como "Você viu que eu e seu pai brigamos, percebi que a situação te deixou desconfortável e queria conversar contigo. Como você se sentiu naquele momento?"

As possibilidades para lidar com os conflitos podem abarcar: (a) retirar-se do ambiente quando o conflito está instaurado; (b) utilizar um tempo para se organizar emocionalmente, sendo que escrever o que está sentindo pode ajudar; e (c) quando a situação estiver com menor nível estressante, a conversa com o outro pode ocorrer. "Deve-se enfatizar que qualquer forma de violência não deve ser tolerada, uma vez que não há justificativas que validem esses comportamentos".

A condição abordada mostra que quando a criança presencia situações violentas entre os pais, pode vivenciar emoções negativas. Entende-se que os genitores são grandes modelos para os filhos, os quais podem seguir diretamente aquilo que aprendem no dia a dia[31].

Para tanto, os responsáveis podem evitar que a menina passe por essa violência indireta, uma vez que os efeitos produzidos por observar conflitos alheios se assemelham com os produtos que podem ser acarretados por conflitos diretos[31].

Apresentação da História 4

Slides 4.9 e 4.10.

"O pai de Sofia descobriu que ela estava ficando com um menino da escola, o homem ficou com muita raiva e foi brigar com a menina. Ele só não esperava que Sofia fosse falar que realmente estava gostando do menino, o pai começou a gritar e xingá-la de várias formas. A menina não conseguia acreditar em tudo que estava ouvindo da boca do pai, ficou tão triste que começou a chorar na frente dele. Mas de nada adiantou, os insultos e palavrões continuaram e o pai realmente proibiu esse relacionamento. O que vocês acham da situação?"

Perguntas para estimular a discussão

- "Como vocês acham que a menina se sentiu com o que aconteceu?"
- "O que vocês acham do comportamento do pai?"
- "A invasão de privacidade aproxima ou distancia os filhos dos pais?"
- "Se o pai tivesse chegado com uma postura acolhedora, como a menina possivelmente teria se sentido?"
- "O que poderia ser feito nessa condição?"

Possibilidades para lidar com a situação

O pai pode se acalmar antes de ir conversar com a filha, uma vez que discussões em situações estressoras tendem a não ser proveitosas por demonstrarem claramente a insatisfação.

As ofensas devem ser evitadas; o genitor pode manifestar suas preocupações de forma respeitosa, como "Filha, fico preocupado com esse relacionamento, já que ainda vejo você como uma garotinha, talvez precise entender que você também tem vontades, mas fico receoso da influência que isso pode ter no seu desenvolvimento, principalmente na escola". Uma fala acolhedora pode servir como abertura para que Sofia se vulnerabilize na relação.

"O cenário que acabamos de discutir envolve o que chamamos de agressão verbal e violência psicológica e acontece quando não há cuidado da outra parte em manifestar sua opinião, invalidando os sentimentos que podem ser gerados no outro[32]. Imaginem como Sofia se sentiu quando ouviu diversas ofensas sendo direcionadas para si, principalmente vindas do seu pai".

Apresentação da História 5

Slides 4.11 e 4.12.

"Maria é a mãe de João. Em um desses dias, o menino arrumou uma confusão gigante na escola, ele resolveu entrar em uma briga com um colega de turma. A mãe de João foi chamada na escola para tentar resolver o problema e, quando chegou em casa, a conversa com o menino foi outra, naquele dia João apanhou muito, porque foi o jeito que Maria achou para resolver a situação. Só que infelizmente isso era muito comum na relação com menino, tudo lá se resolvia no tapa. O que vocês acham dessa situação?"

Perguntas para estimular a discussão

- "Como vocês acham que o menino se sentiu com o que aconteceu?"
- "A violência física ensina o que para as crianças?"
- "A reação da mãe aproxima ou distancia o filho?"
- "O que vocês acham do comportamento da mãe?"
- "O que poderia ser feito na atual condição?"

Possibilidades para lidar com a situação

O comportamento de bater não explica em qual situação o menino está errando. A mãe do garoto pode conversar com ele demonstrando como se sente preocupada com as atitudes do filho, podendo usar como exemplo "Filho, imagino que a escola seja um lugar difícil para você, mas tem sido difícil para mim ter que lidar com essas reclamações no colégio, gostaria de entender o que acontece quando você está lá".

"Em um primeiro momento é importante validar as necessidades emocionais do outro, para que este também acolha as demandas que vão ser colocadas. Gostaria de deixar uma reflexão posta, será que o comportamento de João é reflexo do que está aprendendo em casa? A cena que analisamos agora se refere à violência física, a qual pode colocar em pauta a integridade física da criança, gerando algum tipo de prejuízo".

Apresentação da História 6

Slides 4.13 e 4.14.

"Fernanda é uma criança que ainda não entende muito bem dos perigos da vida. Em dias quentes a menina não gosta de ficar com muitas roupas, por conta disso fica andando pela casa somente de calcinha. A mãe de Fernanda percebeu que o marido tem direcionado olhares e comentários estranhos para a garota. O que vocês acham dessa situação?"

Perguntas para estimular a discussão

- "Como vocês acham que a menina se sentiu com o que aconteceu?"
- "Quando podemos perceber que o outro está invadindo espaço relacionado ao nosso corpo?"
- "Qual o sentimento produzido diante de condições em que nosso corpo é invadido pelos outros?"
- "O que vocês acham do comportamento do pai? E da mãe?"
- "O que poderia ser feito na atual condição?"

Possibilidades para lidar com a situação

As situações que sinalizam comportamentos atípicos devem ser investigadas, a mãe poderia conversar com a garota, entendendo de que modo a relação com o pai está estabelecida. Ressalta-se que a família pode ser um ponto importante para educação sexual, ensinando sobre os limites esperados entre o corpo da criança e do outro.

O último caso apresentado pode retratar uma violência sexual, em que o corpo da criança é invadido pelas necessidades dos outros. Deve-se enfatizar que esse modo de violência abarca diversos comportamentos, como comentários, carícias, toques íntimos, olhares, entre outros[33].

Efeitos da vivência de situações violentas

Slide 4.15.

"Antes de encerrarmos o grupo, gostaria de saber se vocês conheciam todos esses tipos de violência. Percebemos que os efeitos produzidos geram problemas comportamentais e emocionais, principalmente no âmbito da desregulação emocional".

Convite para discussão da atividade proposta

Slide 4.16.

"Agora podemos conversar um pouco sobre o que vocês escreveram no começo do encontro sobre os castigos. De que forma vocês estavam pensando nessas punições?"

Perguntas para estimular a discussão

- "Vocês associaram castigo com algum tipo de violência específica?"
- "Houve alguma mudança na percepção que vocês tinham sobre as punições?"
- "Vocês conheciam ou já ouviram sobre as outras formas de castigo que conversamos?"

SESSÃO 5 – DINÂMICA EMOCIONAL E SUA REPERCUSSÃO NO DESENVOLVIMENTO INFANTIL

Objetivo
Identificar, em conjunto com os participantes do grupo, comportamentos que podem fomentar a vivência de negligência ou o acolhimento emocional.

Temáticas abordadas
Definição de negligência emocional e comportamentos que constituem essa categoria. Ampliação de repertório de nomeação de emoções e sentimentos.

Material
Slides da Sessão 5 com a nomeação de algumas vivências que podem ser designadas como negligência.

Introdução sobre a temática

Slide 5.1.

"Hoje continuaremos trabalhando os aspectos que podem impactar no funcionamento das crianças. Já abordamos a parte biológica, quando discutimos a dinâmica cerebral. Além disso, apontamos as necessidades de suporte emocional e social, os quais se associam positivamente com o desenvolvimento das crianças. Especialmente hoje, vamos conversar sobre a dinâmica emocional e de que forma o que acontece no ambiente repercute afetivamente. Antes, quero saber o que vocês entendem por emoções e sentimentos".

Perguntas para estimular a discussão
- "Emoção e sentimentos se referem às mesmas coisas?"
- "Quais as diferenças entre emoção e sentimento?"

- "Quais são exemplos de sentimentos e emoções?"
- "Quando temos alguma emoção, sentimos algo no corpo?"

Distinção entre emoção e sentimento

Slide 5.2.

"Podemos entender que emoções são todas as reações que sentimos diante de situações bem específicas e, geralmente, com tempo de duração bem curto. Os sentimentos estão associados a interpretações do que foi desencadeado em algum momento. O desenvolvimento emocional nos indica que podemos sentir diferentes coisas a depender do contexto que estamos vivenciando, indicando que cada pessoa pode experienciar diferentes emoções[34]. Quem aqui gosta de surpresas? Pode ter pessoas que adoram situações novas e outras que ficam extremamente desconfortáveis".

"A diferença entre o sou e estou é importante de ser ressaltada, uma vez que às vezes nos seguramos em características como se fossem os únicos elementos relacionados a nós. As emoções nos mostram como estamos em um determinado momento, ou seja, podemos estar tristes por termos perdido alguém importante, mas isso não significa que somos tristes o tempo todo[35]".

Designação de negligência emocional

Slide 5.3.

"Quando falamos sobre negligência emocional, estamos abordando a dificuldade de atender as necessidades da criança, principalmente quando é necessário acolhimento emocional[29]. O funcionamento citado sugere a inabilidade de se vincular, dificultando o contato afetivo. Para vocês, como é esse processo com seus filhos?"

Perguntas para estimular a discussão
- "Com que frequência você atende as necessidades do seu filho?"
- "Como você se sente quando não atende as necessidades do seu filho?"
- "Como você percebe que seu filho está precisando de algo?"
- "De quais habilidades precisamos para ficarmos sensíveis às necessidades?"
- "Como é o vínculo afetivo com seus filhos?"
- "O seu filho recorre a você quando precisa de algo?"

"Agora que entendemos um pouco dessas vivências emocionais, vou contar algumas histórias e gostaria que vocês pensassem no que poderia ser feito para resolver o que está acontecendo, em relação às emoções que estão envolvidas".

Apresentação da História I

Slides 5.4 e 5.5.

"Pedro escorregou e acabou se machucando. Agora o menino está chorando, porque está com muita dor. Os pais do garoto acabaram ficando irritados com essa situação e brigaram com o menino, falando que ele deveria prestar mais atenção. O que vocês acham dessa situação?"

Perguntas para estimular a discussão

- "Como os pais de Pedro poderiam ajudá-lo?"
- "O que o menino pode estar sentindo?"
- "Como vocês acham que o garoto se sentiu quando os pais brigaram com ele?"
- "Por que vocês acham que os pais do garoto brigaram com ele?"
- "Há outras possibilidades para lidar com o que aconteceu?"

Possibilidades para lidar com a situação

Os pais podem servir como tradutores do que aconteceu com o menino, questionando como ele se machucou e associando com o machucado que está perceptível[36]. O garoto deve ser auxiliado para relatar o que está sentindo, como: "Nossa, seu machucado está realmente feio, imagino que esteja doendo bastante. Em qual parte está doendo mais? Em algum outro momento você já sentiu alguma dor assim?"

O questionamento referido deve fazer parte do cotidiano e de outras situações, a fim de que a criança possa se sensibilizar quanto às próprias vivências.

Sentimentos evocados pela situação

"Agora vamos pensar em conjunto, o que Pedro pode ter sentido além da dor? Pensem no que aconteceu após o acidente".

Após os participantes fazerem sugestões do que pode ser sentido, apresentar os balões com outras possibilidades e questioná-los (*slide* 5.6).

Perguntas que podem estimular a discussão
- "Quando geralmente sentimos medo?"
- "Quando geralmente sentimos tristeza?"
- "Quando geralmente sentimos vergonha?"
- "Quando geralmente sentimos culpa?"
- "Quando geralmente sentimos angústia?"

"Pedro pode ter sentido todos os sentimentos que abordamos anteriormente somados à dor. A reação dos pais pode ter sido condição para o menino ficar envergonhado, angustiado e triste por ter se machucado. A culpa pode ter sido fomentada por não ter se comportado com maior distanciamento afetivo. As vivências associadas ao medo podem ter sido produzidas pelas consequências disponibilizadas pelos genitores".

Apresentação da História 2

Slides 5.7 e 5.8.
"Mariana foi excluída do grupo durante o recreio. A menina chegou chateada em casa e explicou o que aconteceu na escola, mas a mãe estava um pouco ocupada e não deu tanta atenção para o que estava sendo dito. O que vocês acham dessa situação?"

Perguntas para estimular a discussão
- "Como a mãe de Mariana poderia ajudá-la?"
- "O que a menina pode estar sentindo?"
- "Como vocês acham que a garota se sentiu com a postura da mãe?"
- "Se a mãe tivesse acolhido a situação da menina, como ela poderia ter se sentido?"
- "Há outras possibilidades para lidar com o que aconteceu?"

Possibilidades para lidar com a situação
A escuta emocional demanda tempo, é necessário que o outro exiba disponibilidade para ouvi-lo. Na condição citada, a mãe da garota poderia ter dito que estava ocupada e sugerir um outro momento para conversar. Seria válido reforçar o que Mariana fez de contar o que aconteceu, uma vez que isso sinaliza a confiança concedida à mãe.

Sentimentos evocados pela situação

"Agora vamos pensar em conjunto, o que Mariana pode ter sentido diante da postura da mãe?"

Após os participantes fazerem sugestões do que pode ser sentido, apresentar os balões com outras possibilidades e questioná-los (*slide* 5.9).

Perguntas para estimular a discussão

- "Quando geralmente sentimos rejeição?"
- "Quando geralmente sentimos insegurança?"
- "Quando geralmente sentimos raiva?"
- "Quando geralmente sentimos frustração?"

A situação apresentada poderia ter fomentado as reações emocionais que abarcamos, uma vez que a postura da mãe pode ser interpretada como uma invalidação do que a menina estava sentindo, para tanto, ela pode ter se sentido rejeitada e frustrada. A raiva também pode ser uma emoção presente por não ter tido a necessidade atendida pela genitora.

Apresentação da História 3

Slides 5.10 e 5.11.

"Helena acabou quebrando o seu brinquedo favorito, a garota está extremamente triste e chorosa com isso. Quando tentou conversar com os pais, eles estavam mexendo no celular e não deram tanta atenção para ela. Como forma de obter a ajuda deles, a garota acabou chorando ainda mais, o que foi o suficiente para receber algumas palmadas do pai. O que vocês acham dessa situação?"

Perguntas para estimular a discussão

- "Como os pais de Helena poderiam ajudá-la?"
- "O que a menina pode estar sentindo?"
- "Como vocês acham que a garota se sentiu com a postura do pai?"
- "O que o pai ensinou para a menina quando deu uma palmada nela?"
- "Silenciar as emoções produz qual efeito emocional?"
- "A postura do pai da garota o aproxima ou o distancia dela?"
- "Há outras possibilidades para lidar com o que aconteceu?"

Possibilidades para lidar com a situação

Quando uma manifestação emocional é punida, pode ser ensinado para a pessoa que aquilo que ela está sentindo é errado. O funcionamento referido pode demonstrar para a garota que o desconforto não pode ser vivenciado, sendo necessário eliminá-lo sempre[37]. Os pais da menina poderiam ter a acolhido, sinalizando que a perda de algo importante pode gerar várias sensações desconfortáveis de sentir.

As alternativas para ajudá-la estão estabelecidas na tradução do que estava sendo experienciado, questionando-a como quebrou o brinquedo, como ela estava se sentindo emocional e fisicamente e se percebia alguma alternativa de resolução.

Sentimentos evocados pela situação

"Agora, vamos pensar em conjunto, o que Helena pode ter sentido diante da postura do pai?"

Após os participantes fazerem sugestões do que pode ser sentido, apresentar os balões com outras possibilidades e questioná-los (*slide* 5.12).

Perguntas para estimular a discussão

- "Helena pode ter sentido raiva? Por quê?"
- "Helena pode ter sentido tristeza? Por quê?"
- "Quando geralmente sentimos surpresa?"
- "Helena pode ter sentido culpa? Por quê?"
- "Helena pode ter sentido frustração? Por quê?"

Novamente, reforçamos que uma única situação pode fomentar diferentes vivências na mesma pessoa. Helena pode ter se sentido incompreendida pelos pais, acarretando a vivência de raiva e tristeza, já as vivências de culpa e frustração podem ser fomentadas quando é percebido que uma atitude inapropriada foi tomada, principalmente quando o ambiente sinaliza que o que se sente é equivocado[37].

A surpresa pode ter sido produzida, dado o espanto produzido pela reação dos pais. Helena poderia estar esperando acolhimento dos responsáveis, mas o comportamento seguiu outra alternativa, não tão sensível às necessidades da garota.

Apresentação da História 4

Slides 5.13 e 5.14.

"Maria e Luana são amigas e acabaram brigando porque cada uma queria brincar de uma coisa diferente. Ao chegar em suas devidas casas, contaram o que aconteceu entre elas e como isso as deixou chateadas. Entretanto, os pais das meninas acabaram dando uma lição de moral em cada uma, o que as deixou com raiva. O que vocês acham da situação?"

Perguntas para estimular a discussão

- "A postura dos pais aproxima ou distancia as meninas?"
- "Quando as meninas tiverem outros conflitos, vocês acham que elas vão falar do ocorrido?"
- "O que as meninas podem estar sentindo?"
- "Como vocês acham que as garotas se sentiram com a lição de moral dos pais?"
- "Há outras possibilidades para lidar com o que aconteceu?"

Possibilidades para lidar com a situação

As condições que sinalizam vivências emocionais devem ser analisadas com cuidado. Os pais perderam a oportunidade de explorar o que as garotas estavam sentindo, contribuindo para que elas percebessem a situação que desencadeou o conflito.

As meninas poderiam ter sido estimuladas a resolver o impasse com o auxílio indireto dos pais, os quais poderiam ter questionado a importância da amiga, o que estava sentindo com a situação conflituosa e como imaginava que a outra estava também, uma vez que a leitura das necessidades alheias é um preditivo para a adaptação social.

Sentimentos evocados pela situação

"Agora vamos pensar em conjunto, o que as meninas podem ter sentido diante da situação exposta?"

Após os participantes fazerem sugestões do que pode ser sentido, apresentar os balões com outras possibilidades e questioná-los (*slide* 5.15).

Perguntas para estimular a discussão

- "As meninas podem ter sentido culpa? Por quê?"
- "Quando geralmente sentimos indiferença?"
- "Quando geralmente sentimos rancor?"
- "Quando geralmente sentimos aversão?"
- "Quando geralmente sentimos desprezo?"

Nosso último exemplo demonstra uma situação conflituosa que foi produzida e não foi acolhida de modo que possibilitasse a construção de comportamentos alternativos. As garotas já estão irritadas pelo conflito anterior e podem ter sentido indiferença e desprezo na postura dos pais, uma vez que não houve a tentativa de compreender o que ocorreu.

A lição de moral também pode ter produzido culpa, dado o sentimento de ter agido de maneira equivocada com a amiga. O rancor e a aversão podem ser acarretados tanto aos pais quanto à outra garota, em decorrência dos efeitos que podem potencializar a situação incômoda já gerada.

Síntese da temática abordada

Slide 5.16.

"Estamos chegando ao fim do nosso encontro, abordamos as vivências emocionais e de que forma elas modulam o desenvolvimento das crianças. Os pais podem auxiliar no processo citado, sensibilizando as crianças sobre o que elas estão sentindo, uma vez que uma situação pode gerar várias emoções. É importante ter disponibilidade para ouvi-las e questioná-las, sendo os mediadores entre as situações que acontecem no mundo externo e o que elas experienciam no ambiente interno[38]".

"Ressalta-se que é necessário aumentar o contato com experiências positivas, uma vez que essas contribuem para o desenvolvimento do cérebro flexível que já conversamos, lembram-se dele? Gostaria de, por fim, saber como vocês estão auxiliando nesse processo".

Perguntas para estimular a discussão

- "Você tem disponibilidade para escutar seu filho?"
- "Quando seu filho te conta algo, como você geralmente age?"
- "É difícil para você escutar situações que possam ter sido desconfortáveis para seu filho?"
- "Quando seu filho tenta te contar algo legal, como você geralmente age?"
- "Quando seu filho quer conversar com você, mas naquele momento há a necessidade de fazer outras coisas, como você costuma lidar com a situação?"

SESSÃO 6 – ANÁLISE DOS COMPORTAMENTOS DA CRIANÇA

Objetivo
Identificar, em conjunto com os sujeitos do grupo, os estímulos ambientais que controlam os comportamentos da criança.

Temáticas abordadas
Operacionalização dos comportamentos da criança, sob a perspectiva da terapia cognitivo-comportamental, fomentando a análise pormenorizada das ações.

Material
Slides da Sessão 5 com a organização das variáveis que controlam os comportamentos manifestados pelas crianças e apresentação de situações, a fim de discuti-las.

Introdução sobre a temática

Slide 6.1.
"No encontro passado conversamos sobre a dinâmica emocional da criança e a importância de nomear o que ela está sentindo. Hoje, nosso encontro terá como objetivo a análise dos comportamentos que as crianças manifestam, investigando todas as variáveis que as controlam".

Operacionalização dos comportamentos

Slide 6.2.
"Quando pensamos no funcionamento dos comportamentos, temos que iniciar analisando o que estava ocorrendo antes, isto é, de que modo o ambiente estava organizado, quem estava nele e o que estava acontecendo. As si-

tuações citadas são necessárias para que pensamentos sobre aquilo que é visto sejam manifestados, podendo ajudar a criança ou paralisá-la[39]".

"O ambiente e os pensamentos associados contribuem para que emoções apareçam, estas podem ser agradáveis ou desagradáveis de sentir. Só após todas essas etapas anteriores é que o comportamento observável é emitido[39]. Vamos pensar em um exemplo, um garoto que está na frente do gol, pronto para bater um pênalti, pode pensar: 'Se eu errar esse gol, meus amigos vão ficar bravos comigo'; a emoção produzida pode ser ansiedade ou nervosismo, os quais podem afetar o comportamento do menino, que pode errar o gol. Vou contar algumas histórias para vocês e vamos organizar os acontecimentos".

Apresentação da História I

Slides 6.3 e 6.4.

"A mãe chega em casa após um dia de trabalho. Ela está cansada, uma vez que o dia foi corrido. O filho corre para encontrá-la na porta e a chama para brincar. A mãe briga com o menino, falando que está cansada e que dentro da casa nunca pode descansar. A criança sai chateada com a mãe".

Análise da situação

Slide 6.5.

"Vamos pensar no que está acontecendo. Qual é a situação presente que faz a mãe agir do modo que foi relatado?"

Perguntas para estimular a discussão

- "A situação é que a mãe está cansada?"
- "A situação é o que menino quer brincar naquele momento?"
- "A situação é a briga entre mãe e filho?"

Possibilidades a serem discutidas

- "Qual pode ter sido o pensamento da mãe nessa situação?"
  - "Estou cansada, mas preciso fazer tudo que é esperado de uma boa mãe".
  - "Ninguém nesta casa me entende, não se importam como eu me sinto".
  - "Eu não posso parar, tenho que dar conta de tudo".
  - "Meu filho é um egoísta, não se importa com como eu me sinto".

- "Como a mãe pode ter se sentido?"
  - "Frustrada?"
  - "Irritada?"
  - "Nervosa?"
  - "Culpada?"
- "Qual é o comportamento?"
- "A mãe discute com o garoto?"
- "O menino fica chateado?"
- "A mãe pode se sentir culpada depois?"
- "Pensando no que discutimos agora, o que vocês acham dessa situação? Como que a mãe poderia ter lidado?"

Possibilidades para lidar com a situação

A mãe, ao ser questionada pelo filho, poderia ter solicitado que ele a procurasse depois de algum tempo, a fim de ter um momento de descanso. Se esse padrão do filho for frequente, poderia ser organizada uma rotina e deixada visível ao menino, para que ele soubesse dos momentos direcionados para atividades em conjunto.

Slide 6.5: Apresentação da História 2

Slides 6.6 e 6.7.

"A criança chega em casa falando que tirou uma nota ruim na prova. Quando começa a explicar o motivo que gerou aquela nota, o pai, que tinha acabado de sair de uma reunião do trabalho, começa a gritar com o filho, falando que sempre são as mesmas desculpas, que desse jeito a criança não vai ser ninguém na vida e que está envergonhado de ter um filho assim".

Análise da situação

Slide 6.8.

"Vamos pensar no que está acontecendo. Qual é a situação antecedente para a reação do pai?"

Perguntas para estimular a discussão

- "A situação é que o pai saiu de uma reunião de trabalho?"
- "A situação é que o menino não tirou uma boa nota na escola?"
- "A situação é a discussão que o pai inicia?"

Possibilidades a serem discutidas

- "Qual pode ter sido o pensamento do pai nessa situação?"
  - "Eu estou falhando como pai".
  - "Meu filho é uma vergonha".
  - "Meu filho não me escuta quando converso sobre essas situações".
  - "Meu filho não vai ser ninguém na vida".
- "Como o pai pode ter se sentido?"
  - "Frustrado?"
  - "Irritado?"
  - "Nervoso?"
  - "Culpado?"
- "Qual é o comportamento?"
  - "O pai discute com o garoto?"
  - "O menino fica chateado?"
  - "O pai pode se sentir culpado depois?"

"Pensando no que discutimos agora, o que vocês acham desse caso? Como o pai poderia ter lidado com a situação?"

Possibilidades para lidar com a situação

Se foi uma situação que despertou intensa raiva no pai, ele poderia ter se retirado do ambiente e conversado em outro momento com o menino. A discussão sobre o acontecido poderia ter ocorrido com o intuito de entender a percepção do filho sobre a situação e a preocupação com seu desempenho escolar, podendo ser manifestado do seguinte modo: "Filho, entendo que a escola demande muito de você e em alguns momentos pode realmente ser difícil, no entanto, fico preocupado com o modo que você está levando a escola. O que podemos fazer com isso?"

Além de ter percebido a condição do filho, o pai poderia sugerir algumas mudanças como, por exemplo, um quadro de rotinas de estudo, sendo que uma atividade divertida deve vir depois de uma tarefa que seja demandante, a fim de servir como reforço.

Apresentação da História 3

Slides 6.9 e 6.10.

"No supermercado, o filho resolve que quer várias coisas diferentes, a mãe fala que não, que deve escolher apenas um produto. A criança começa a fazer a birra de sempre, grita, chora e esperneia. A mãe em um primeiro momento fica envergonhada, briga com o menino, ameaça o castigar quando chegar em casa, mas nada acalma o menino. Para solucionar o problema, a mãe resolve dar tudo o que o menino quer, e ele para de chorar".

Análise da situação

Slide 6.11.

"Vamos pensar no que está acontecendo. Qual é a situação antecedente para a reação da responsável?"

Perguntas para estimular a discussão

- "A situação é que a mãe fala que não vai dar tudo que o filho quer?"
- "A situação é a birra que o menino começa?"
- "A situação é a mãe estar envergonhada com o comportamento do filho?"
- "A situação é a responsável ficar envergonhada com as outras pessoas olhando?"

Possibilidades a serem discutidas

- "Qual pode ter sido o pensamento da mãe nessa situação?"
  - "Eu estou falhando como mãe".
  - "Meu filho só me faz passar vergonha".
  - "Meu filho não me escuta quando converso sobre essas situações".
  - "As pessoas vão pensar que sou uma péssima mãe".
- "Como a mãe pode ter se sentido?"
  - "Frustrada?"
  - "Irritada?"
  - "Envergonhada?"
  - "Humilhada?"
  - "Triste?"
- "Qual é o comportamento?"
  - "A mãe briga com o garoto?"

– "A mãe atende as vontades do menino?"

– "A mãe pode se sentir culpada depois?"

"Pensando no que discutimos agora, o que vocês acham dessa situação? Como que a mãe poderia ter lidado com essa situação?"

Possibilidades para lidar com a situação

É importante que haja uma consistência no comportamento da mãe, uma vez que ao atender a solicitação do filho, após ele ter tido um episódio de birra, ela reforça a resposta do garoto. Deve-se ressaltar que uma postura mais firme pode produzir variabilidade comportamental, uma vez que a criança pode exibir outras ações para conseguir o que deseja[40].

Os pais precisam ter consciência de que precisam permanecer firmes com os combinados estabelecidos, mesmo com a possibilidade de que ocorra variação de comportamento, além de negociar de que modo a criança pode obter o que deseja, gerando previsibilidade como, por exemplo, dizer o que será feito e comprado antes de sair de casa[41].

Apresentação da História 4

Slides 6.12 e 6.13.

"Uma adolescente resolve contar para a mãe que está gostando de um garoto da mesma turma na escola, porém, a mãe não estava prestando tanta atenção na conversa, discute com a menina, falando que ela não deve se envolver com ninguém agora e que não aceitaria o início de um namoro nesse momento. A menina, muito irritada, garante que nunca mais vai falar nada para a mãe".

Análise da situação

Slide 6.14.

"Vamos pensar no que está acontecendo. Qual é a situação anterior? Qual é a reação da responsável?"

Perguntas para estimular a discussão

- "A situação é que a menina está gostando de um garoto?"
- "A situação é que a mãe não vai aceitar que a menina inicie um relacionamento?"

- "A situação é que a mãe está preocupada com a filha?"
- "A situação é que a mãe quer controlar a menina?"

Possibilidades a serem discutidas

- "Qual pode ter sido o pensamento da mãe nessa situação?"
  - "Eu preciso proteger minha filha".
  - "O mundo é perigoso para minha filha".
  - "Preciso afastar minha filha de tudo que possa ser ruim para ela".
- "Como a mãe pode ter se sentido?"
  - "Amedrontada?"
  - "Preocupada?"
  - "Culpada?"
  - "Enciumada?"
- "Qual é o comportamento?"
  - "A mãe tenta impedir o relacionamento?"
  - "A mãe pode afastar a filha?"
  - "A garota pode se sentir incompreendida pela mãe?"
  - "A mãe pode se sentir culpada depois?"

"Pensando no que discutimos agora, o que vocês acham dessa situação? Como que a mãe poderia ter lidado?"

Possibilidades para lidar com a situação

As preocupações devem ser explicitadas, de modo claro, para a garota. A proibição sem qualquer explicação pode produzir um afastamento da filha, sendo que essa postura da responsável pode fomentar a busca de apoio em ambientes que podem ser prejudiciais.

Apresentação da História 5

Slides 6.15 e 6.16.

"Uma criança está brincando até que se machuca em um determinado momento. Ela sai correndo atrás da mãe para pedir ajuda, mas quando chega lá a mãe, que já está nervosa por ter discutido com o marido, briga com a menina, falando que ela deveria ser mais comportada, e que a criança nunca a escuta quando fala que pode se machucar".

Análise da situação

Slide 6.17.

"Vamos pensar no que está acontecendo. Qual é a situação anterior ao comportamento da mãe?"

Perguntas para estimular a discussão

- "A situação é a discussão entre a esposa e o marido?"
- "A situação é que a menina se machucou?"
- "A situação é que a mãe ficou preocupada com a menina?"
- "A situação é que a mãe acha que a filha não a escuta?"

Possibilidades a serem discutidas

- "Qual pode ter sido o pensamento da mãe nessa situação?"
  - "São tantas preocupações que eu nem consigo cuidar da minha filha".
  - "Minha filha não me escuta em nenhum momento".
  - "Ninguém me entende, mas todos precisam de mim para tudo".
- "Como a mãe pode ter se sentido?"
  - "Irritada?"
  - "Frustrada?"
  - "Ignorada?"
  - "Entristecida?"
- "Qual é o comportamento?"
  - "A mãe discute com a menina?"
  - "A mãe pode afastar a filha, fazendo com que ela não conte mais o que acontece?"
  - "A garota pode se sentir incompreendida pela mãe?"
  - "A mãe pode se sentir culpada depois?"

"Pensando no que discutimos agora, o que vocês acham dessa situação? Como a mãe poderia ter lidado com a situação?"

Possibilidades para lidar com a situação

A reação que apresentamos diante de algumas condições é atravessada por outras variáveis que estão circundantes. A postura da mãe possivelmente foi afetada pela discussão anterior com o marido, a qual pode tê-la deixado estressada e, em decorrência disso, ela pode ter manifestado comportamento hostil com a garota. É importante estar consciente de circunstâncias que possam ser desconfortáveis, evitando que ocorra uma generalização para outros sujeitos".

Apresentação da História 6

Slides 6.18 e 6.19.

"A mãe pede que o filho a ajude a limpar a casa, o filho responde que em alguns minutos vai ajudá-la. A mãe fica brava, fala que o garoto nunca a ajuda, que sempre que precisa dele não pode contar com esse suporte e, por conta de toda essa situação, decide que o filho não vai sair com os amigos da escola".

Análise da situação da História 6

Slide 6.20.

"Vamos pensar no que está acontecendo. Qual é a situação antecedente ao comportamento da mãe?"

Perguntas para estimular a discussão
- "A situação é a mãe pedir auxílio para o filho?"
- "A situação é o menino responder que atenderá a solicitação após um tempo?"
- "A situação é a mãe estar com algumas tarefas em casa?"
- "A situação é que o menino nunca a ajuda e por isso ela não confia na promessa?"

Possibilidades a serem discutidas
- "Qual pode ter sido o pensamento da mãe nessa situação?"
  - "Meu filho não me ajuda em nenhuma atividade".
  - "Estou sobrecarregada e não posso contar com as pessoas".
  - "Nunca sou atendida quando peço por auxílio".
- "Como a mãe pode ter se sentido?"
  - "Irritada?"
  - "Frustrada?"
  - "Ignorada?"
  - "Incompreendida?"
- "Qual é o comportamento?"
  - "A mãe discute com o menino?"

– "A mãe não deixa o filho sair?"
– "O garoto pode se sentir incompreendido pela mãe?"
– "A mãe pode se sentir culpada depois?"

"Pensando no que discutimos agora, o que vocês acham dessa situação? Como a mãe poderia ter lidado com essa situação?"

Possibilidades para lidar com a situação

Quando uma criança faz algo que é inapropriado ou incorreto, é necessário que isso seja sinalizado a fim de que ocorra uma mudança no comportamento. Caso isso não ocorra, as punições devem estar congruentes com o que foi feito, no caso apresentado, percebe-se que há uma inconsistência, uma vez que a não limpeza da casa não se associa equitativamente com a retirada do passeio com os colegas.

A instituição de acordos com o filho pode ser uma alternativa para mudança, principalmente quando já fica combinado quais serão as "consequências" caso as atividades não ocorram conforme o que foi estabelecido, para tanto, os pais precisam ter a capacidade de colocar isso de forma clara e assertiva[42].

Por fim, percebemos que o comportamento é multideterminado, tendo etapas anteriores ao que é manifestado. Por conta disso, é importante investigar o processo instituído diante de condutas que possam ser inadequadas, a fim de compreender de que modo, por exemplo, os pensamentos podem contribuir para interpretações equivocadas, ou de que modo as emoções se sobressaem no momento de resposta[39].

SESSÃO 7 – A IMPORTÂNCIA DA DISCIPLINA NO COTIDIANO

Objetivo
Identificar, em conjunto com os participantes do grupo, a importância da disciplina no cotidiano e se sensibilizar com as possibilidades de instalar esse repertório.

Temáticas abordadas
A necessidade da disciplina como processo de base para a interação com o ambiente. A delimitação de limites como preditor para o desenvolvimento adequado.

Material
Slides da Sessão 7 com a conceituação de alguns termos e folha com atividade.

Introdução sobre a temática

Slide 7.1.

"No último encontro trabalhamos o modelo que tenta explicar o funcionamento do comportamento, vocês lembram? Falamos das etapas que ocorrem antes de uma ação ser manifestada. Nesse caso temos o ambiente, que estimula pensamentos e emoções, e a partir da interpretação gerada temos os comportamentos[39]".

"Hoje nosso foco é discutir a importância da disciplina, sobretudo de como a delimitação de limites é um ponto importante para que a criança se comporte adequadamente no ambiente, uma vez que se torna mais fácil, já que fica claro quais são as expectativas sobre si. Antes, gostaria que vocês me contassem o que entendem por disciplina".

Perguntas para estimular a discussão

- "Como a disciplina é vista pelos pais? E para as crianças?"
- "Disciplina se refere a se comportar de acordo com as vontades dos pais sem questionar?"
- "Quando uma criança questiona o que você estabeleceu, ela está sendo indisciplinada?"
- "Como ensinar a criança a se comportar com disciplina?"
- "Como agir quando as crianças agem de maneira diferente?"

Distinção entre controle e disciplina

Slide 7.2.

"Pensando no que discutimos, podemos fazer uma distinção entre controle e disciplina. O que vocês acham que separam esses dois padrões?"

Perguntas para estimular a discussão

- "Como geralmente os pais controladores agem?"
- "Como os pais que seguem a linha da disciplina se comportam?"
- "A criança com pais controladores deve se sentir de que modo?"
- "A criança com pais que estimulam a disciplina deve se sentir como?"
- "Os pais controladores deixam as crianças participarem de decisões? E os pais que preferem a disciplina?"
- "Como ocorre o processo de resolver problemas com pais controladores? E com os pais que optam pela disciplina?"
- "Os pais controladores estimulam o cérebro rígido ou flexível?"
- "Os pais que prezam pela disciplina estimulam o cérebro rígido ou flexível?"

Operacionalização de disciplina

Slide 7.3.

"Quando falamos de disciplina, estamos nos referindo a um estilo que permite que as crianças negociem os limites que os pais pensaram. O processo de regulação emocional ocorre com maior fluência, porque a criança participou da ponderação dos limites, sendo que os pais a escutaram quanto à percepção do que foi determinado por eles[10]".

"A disciplina permite que a criança se comporte com maior independência, uma vez que sabe o que o ambiente está esperando do seu comportamento[10]. Quais são as possibilidades que auxiliam nesse processo?"

Possibilidades para lidar com a situação

- "As regras precisam ser claras e não ambíguas".
- "Escrever ou desenhar os limites e deixá-los expostos em um lugar de fácil acesso à criança".
- "Evitar castigos extremos quando a criança se comportar de modo inadequado".
- "O ambiente deve ser firme quanto às normas, evitando reações que possam ser inconsistentes".
- "Informar a criança quando o ambiente pode ser alterado, para que possa se organizar emocionalmente".

Operacionalização de controle

Slide 7.4.

"Se formos olhar com cuidado, o controle não permite que a criança se comporte de maneira diferente, porque qualquer sinal de que ela vai agir de outra forma é punido pelo ambiente. O padrão controlador impõe o que deve ser feito, sem qualquer flexibilidade no que deve ser realizado[43,44]".

"O controle não propicia a independência, uma vez que a criança sempre vai precisar do reasseguramento da presença dos pais, porque as tentativas de explorar são punidas[43,44]. Nesse caso, o que vocês acham que deve ser evitado do perfil controlador?"

Possibilidades para lidar com a situação

A criança deve explorar o ambiente. A proteção deve ocorrer com maior intensidade em condições que possam deixá-la vulnerável ou em perigo.

Os limites colocados devem ser explicados; a imposição propicia que a criança se comporte indiscriminadamente.

Incluir as crianças na delimitação dos acordos permite que haja maior adesão ao que foi estabelecido.

Quando a criança discordar de algo, é importante que a opinião dela seja levada em consideração para que se sinta pertencente ao processo de tomada de decisão.

"Pensando no que já conversamos nos outros encontros, o controle ajuda no desenvolvimento do cérebro rígido ou flexível? A disciplina auxilia em qual?"

O termômetro do controle e da disciplina

Slide 7.5.
"Podemos pensar nos extremos da exigência. Vamos pensar no polo acima, que é o autoritarismo. Como geralmente ele se manifesta na interação com o filho?"

Perguntas para estimular a discussão
- "No autoritarismo há a possibilidade de negociar os pontos de vista?"
- "De que forma os pais, geralmente, apresentam à criança o que deve ser feito?"
- "Como a criança que tem pais autoritários deve se sentir?"
- "Como geralmente os pais autoritários se comportam?"
- "Como geralmente é a reação dos pais quando a criança faz algo adequado? E quando comete algum equívoco?"

No autoritarismo não há possibilidade de negociar o que está sendo abordado, os pais geralmente impõem as vontades, mesmo que essas estejam em desacordo com as necessidades momentâneas da criança. Na condição referida, a criança pode se sentir invalidada, uma vez que seu ponto de vista não é considerado[6].

"Agora podemos pensar no outro extremo do nosso termômetro, que ocorre quando os pais são mais relaxados. Como geralmente fica a interação com as crianças?"

Perguntas para estimular a discussão
- "Na disciplina relaxada há a possibilidade de negociar os pontos de vista?"
- "De que forma os pais, geralmente, apresentam à criança o que deve ser feito?"
- "Como a criança que tem pais com estilo parental relaxado deve se sentir?"

- "Como geralmente os pais com estilo parental relaxado se comportam?"
- "Como geralmente é a reação dos pais quando a criança faz algo adequado? Quando comete algum equívoco?"

O extremo abordado agora é totalmente o contrário do autoritarismo. Nessa condição, a criança tem a possibilidade de se comportar de acordo com as próprias necessidades, não havendo a delimitação de limites das condutas aceitáveis ou não. Observa-se que os pais não utilizam sua posição de referência como forma de auxiliar no desenvolvimento do filho, o qual pode se sentir perdido quanto ao que deve realizar[6].

"Por fim, temos o meio termo, que se relaciona com a disciplina equilibrada. De que forma geralmente acontece com as crianças?"

Perguntas para estimular a discussão
- "Na disciplina equilibrada há a possibilidade de negociar os pontos de vista?"
- "De que forma os pais, geralmente, apresentam à criança o que deve ser feito?"
- "Como a criança que tem pais com estilo parental equilibrado deve se sentir?"
- "Como geralmente os pais com estilo parental equilibrado se comportam?"
- "Como geralmente é a reação dos pais quando a criança faz algo adequado? E quando comete algum equívoco?"

Entende-se que esse meio termo discutido é um ponto de apoio, em que há a delimitação das normas sobre o que deve ser realizado, mas que simultaneamente há espaços de negociação e de responsividade emocional ao agir adequadamente. A criança torna-se ativa no processo de desenvolvimento.

Constituintes da disciplina

Slide 7.6.

"O que engloba a disciplina? Quais são os elementos que nos mostram que a criança ou o adolescente são disciplinados?"

"Quando pensamos em disciplina estamos falando de um termo guarda-chuva, sendo necessário desmembrá-lo para entender o que o forma. Seguir uma rotina é um dos pontos principais, que nada mais é do que a organização das atividades que vão acontecer ao longo do dia[41]. Como planejamos uma rotina?"

Possibilidades para lidar com a situação

Os horários disponíveis para executar as atividades precisam ser distribuídos.

As atividades fixas já devem ter o tempo reservado (ex.: trabalho, atividades domésticas, estudo etc.).

As demais tarefas devem ser separadas por ordem de prioridade. Então, se na semana que seu filho tem uma consulta com médico ele também tem o jogo de futebol, deve ser dada preferência para aquela que o impacta diretamente.

As atividades de autocuidado e lazer também devem ter intervalo de tempo reservado.

A rotina pode ficar visível em algum lugar da casa, de preferência em um espaço que a criança tenha contato sempre.

A rotina gera previsibilidade, sendo assim, a criança sabe o que os pais estão esperando dela e o que pode ser cobrado deles, como o horário específico para brincar em família[41].

A construção da rotina e até mesmo dos combinados deve acontecer em conjunto. A criança deve se sentir pertencente a esse processo, uma vez que, caso contrário, resta somente a imposição da vontade dos pais, funcionamento que pode gerar questionamento por parte do filho.

Convite para refletir sobre algumas situações associadas à parentalidade

Slide 7.7.

"Entende-se assim que a disciplina demanda um caminho de via dupla dos pais, sendo que a delimitação de limites e o acolhimento das necessidades ocorrem pelo mesmo sujeito[45]. Agora vamos ouvir algumas histórias e pensar em conjunto no que está acontecendo e no que poderia ser feito para lidar com a situação".

"Depois das histórias, vou entregar uma folha com um termômetro das exigências [*slide* 7.14], quero que vocês pintem pensando no nível de cobrança que está sendo abordado".

Apresentação da História I

Slides 7.8 e 7.9.

"Mateus é um garoto irritado, vira e mexe ele entra em confusões na escola. Dessa vez não foi diferente, o menino partiu para cima de um outro colega, por conta das figurinhas da Copa. Os pais de Mateus, ao ficarem sabendo o que aconteceu, resolveram não conversar com o menino, eles acham que esse tipo de comportamento é normal para a idade, e que não passa de uma brincadeira entre os garotos. O que vocês acham dessa situação?"

Perguntas para estimular a discussão

- "Como vocês pintariam o termômetro das exigências?"
- "Que tipo de padrão é? Autoritário, equilibrado ou relaxado?"
- "Como vocês acham que os pais do garoto se sentiram?"
- "Quais as possíveis consequências da falta de limites?"
- "Como o garoto pode ter se sentido?"
- "Qual modelo os pais estão passando para que Mateus solucione os problemas?"
- "Quais as alternativas que os pais poderiam implementar para mudança?"

Possibilidades para lidar com a situação

A família deve estar sensível para o momento em que comportamentos da criança invadem espaços alheios e colocam terceiros em risco. Os limites devem ser delimitados verbalmente, sinalizando quais são as possíveis consequências para as ações tomadas[45,46]. Deve-se ressaltar que no começo pode ser um processo difícil para os pais, uma vez que pode ocorrer variação nas condutas dos filhos a fim de obter o que desejam[40].

O caso apresentado demonstra um exemplo de disciplina relaxada, uma vez que não há determinações dos limites. A criança nessa situação fica com disponibilidade para se comportar de acordo com as próprias preferências, aspecto que pode deixá-la vulnerável a situações de risco, uma vez que não compreende as reais ameaças que podem permear as condições corriqueiras.

No caso apresentado, há um aspecto potencializador, uma vez que o garoto se envolveu em um conflito físico e não teve qualquer consequência em relação à atitude tomada.

Apresentação da História 2

Slides 7.10 e 7.11.

"Marina é filha única de João e de Vanessa, ambos são médicos bem reconhecidos. Os pais da menina já estão pensando muitos passos a frente, querem que a filha siga a mesma área que eles e já planejaram toda a carreira da garota. Eles constantemente falam que, se as coisas saírem por um outro caminho, vão ficar muito decepcionados com Marina. O que vocês acham dessa situação?"

Perguntas para estimular a discussão

- "Como vocês pintariam o termômetro das exigências?"
- "Que tipo de padrão é? Autoritário, equilibrado ou relaxado?"
- "Como vocês acham que os pais da garota se sentem?"
- "Como a garota pode se sentir, caso não tenha interesse de seguir a mesma área?"
- "Como os pais podem se sentir, caso a garota não tenha interesse de seguir a mesma área?"
- "Essas expectativas impostas aproximam ou distanciam os pais dos filhos?"
- "Quais alternativas os pais poderiam implementar para mudança?"

Possibilidades para lidar com a situação

Os pais podem colocar extrema carga afetiva às crianças, indicando deliberadamente as expectativas em relação aos comportamentos e ao futuro. Na situação referida, a garota pode se distanciar, uma vez que pode ter receio de não atender ao que os pais esperam. Nesse caso, é importante que haja espaço para ela sinalizar as vontades para que o espaço parental seja formado com maior segurança.

O caso referido demonstra uma situação de autoritarismo, em que o ambiente deixa claro o que quer da criança, não possibilitando alternativas que estejam separadas das imposições realizadas. Nesse cenário, a criança pode se sentir pressionada a se comportar de acordo com as expectativas.

Apresentação da História 3

Slides 7.12 e 7.13.

"Pedro e Laura são irmãos e ambos não gostam nem um pouco de ir para a escola. Sempre é uma luta levá-los ao colégio, os irmãos choram pedindo que os pais não os deixem sós. Os pais dos irmãos resolveram então negociar a situação, sinalizaram que a escola é um espaço importante para ir e que não te a possibilidade de não frequentar, mas que daria para tornar o processo um pouco mais tranquilo. O que vocês acham dessa situação?"

Perguntas para estimular a discussão

- "Como vocês pintariam o termômetro das exigências?"
- "Que tipo de padrão é? Autoritário, equilibrado ou relaxado?"
- "Como vocês acham que os pais dos garotos se sentem?"
- "Quais as possíveis consequências de acolher aquilo que os filhos demonstram?"
- "A atitude dos pais aproxima ou distancia os filhos?"
- "A implicação dos garotos no combinado realizado torna mais tranquilo o processo de adaptação?"
- "Como os garotos podem ter se sentido?"
- "Quais alternativas os pais poderiam implementar para mudança?"

Possibilidades para lidar com a situação

Os pais agiram validando o que os filhos estavam sentindo, mas também colocaram o enquadre do que seria feito. O funcionamento referido valida o que as crianças podem ter sentido, mas deixa explícito o que também será feito. A delimitação de combinados pode propiciar variação de comportamento (se antes só chorava, agora pode gritar, pode ter ações mais agressivas), entretanto, deve permanecer firme[46].

O estilo seguido pelos pais foi equilibrado, o qual possibilita que haja acolhimento e delimitação de limites na mesma condição. As figuras parentais são referências para os comportamentos da criança, por conta disso, é importante que seja explicado por qual motivo algumas decisões podem estar sendo tomadas, sendo investigadas as possíveis reações emocionais que podem ser geradas.

Perguntas para encerrar o grupo

- "Qual é o seu estilo de comportamento na interação com a criança?"
- "Como você se sente tendo que colocar limites no seu filho?"
- "Como seu filho reage quando você tenta delimitar enquadre?"
- "Já teve alguma vez que o seu filho não quis acatar o que você estava estabelecendo?"
- "Como você se sentiu quando ele não aceitou o que você propôs?"
- "Como você se comportou quando ele não aceitou o que você propôs?"

SESSÃO 8 – MONITORAMENTO NEGATIVO E SUAS REPERCUSSÕES

Objetivo
Identificar, em conjunto com os sujeitos do grupo, os efeitos do monitoramento negativo sobre a interação com a criança.

Temáticas abordadas
Os limites do monitoramento e a importância da criança ter espaço individual. As maneiras de construir uma relação íntima com o filho para que ele traga, espontaneamente, as situações que possam ser interpretadas como desafiadoras.

Material
Slides da Sessão 8 com a exposição de situações/problemas para estimular a construção de comportamentos alternativos.

Introdução sobre a temática

Slide 8.1.
"Nosso encontro anterior abordou a necessidade da delimitação dos limites e o modo que contribuem no desenvolvimento das crianças, auxiliando no processo de formar um cérebro reativo ou flexível. Hoje vamos conversar sobre o monitoramento, principalmente quando este está com o nível elevado e pode ser prejudicial para a interação com o filho. Mas antes, gostaria de saber em quais situações vocês percebem que a supervisão pode ser negativa?"

Perguntas para estimular a discussão
- "Os pais terem a senha do celular e das mídias sociais do filho é avaliado de que forma por vocês? Em que situação esse acesso pode ser benéfico?"

- "Os pais seguirem os filhos para ver o lugar que eles frequentam é avaliado de que forma por vocês?"
- "Os pais ligarem várias vezes e mandarem diversas mensagens quando o filho sai é avaliado de que maneira por vocês?"
- "Os pais que enviam mensagens para os colegas do filho para confirmar se ele está com os amigos são avaliados de que forma por vocês?"

"Quando conversamos sobre monitoramento, abordamos a tentativa dos pais de terem acesso ao que acontece no dia a dia dos filhos, como forma de evitar que situações adversas ocorram. No entanto, sabemos que essa supervisão pode passar daquilo que é esperado e repercutir na relação[47]. Hoje, o encontro será realizado com o auxílio de histórias e, ao final, vamos pensar no que está acontecendo no ambiente, os pensamentos e as emoções gerados e qual o comportamento manifestado. Tudo bem?"

Apresentação da História I

Slides 8.2 e 8.3.

"Júlia é uma adolescente que adora ficar na internet, nesse espaço ela joga com várias pessoas da mesma idade. A menina costuma contar para a mãe tudo que acontece quando está com essas outras pessoas. Só que a mãe da garota, todos os dias à noite, entra escondido no perfil de Júlia para ver se ela está falando a verdade. O que vocês acham dessa situação?"

Operacionalização da situação

Slide 8.4.

"Vamos pensar no que está acontecendo. Qual é a situação que evoca o comportamento da mãe?"

Perguntas para estimular a discussão
- "A menina deve mexer no computador o tempo todo?"
- "A mãe deve ficar preocupada com a filha não sair do computador?"
- "A mãe deve sentir que a filha está aprontando?"
- "O que vocês acham do isolamento de Júlia?"

Possibilidades a serem discutidas
- "Qual pode ter sido o pensamento da mãe nessa situação?"
  - "Minha filha está exposta a vários perigos".
  - "Preciso proteger minha filha de tudo de ruim que pode acontecer".
  - "A internet é um espaço perigoso para minha filha".
- "Como a mãe pode ter se sentido?"
  - "Angustiada?"
  - "Ansiosa?"
  - "Preocupada?"
- "Qual é o comportamento?"
  - "A mãe discute com a menina?"
  - "A mãe acessa escondido as redes sociais?"
  - "A mãe pode afastar a filha, fazendo com que ela não conte mais o que acontece?"
  - "A garota pode se sentir incompreendida pela mãe?"
  - "A mãe pode se sentir culpada depois?"

Alternativas para lidar com a situação
Slide 8.5.

"Pensando no que discutimos agora, o que vocês acham desse contexto? Como a mãe poderia ter lidado com essa situação?"

Possibilidades para lidar com a situação
A mãe poderia ter retirado o computador da filha, gerando raiva e afastamento da menina. Outra atitude que poderia ter sido tomada era sincronizar as redes sociais, assim a responsável teria acesso ao conteúdo consumido pela garota, mas ainda assim poderia gerar a sensação de desconfiança pela menina.

Observa-se que os pais são figuras importantes para os filhos, sendo necessário construir um espaço de diálogo, o qual poderia aproximar Júlia de sua mãe. Enfatiza-se que a responsável poderia ter sinalizado a preocupação que tem com o acesso da filha nas redes sociais, dadas as más intenções alheias.

Caso a menina não acolhesse a preocupação materna, limites aos horários de uso do computador poderiam ser instituídos para que outras atividades pudessem ser acrescentadas na rotina, diminuindo o valor concedido ao computador e aos jogos. Deve-se ressaltar que em alguns momentos os jogos podem servir como meio de ocupar o tempo, por não ter outras tarefas para serem realizadas.

Apresentação da História 2

Slides 8.6 e 8.7.

"Nesses últimos dias, Marcela está com comportamento estranho, os pais da menina já perceberam que há algo estranho acontecendo, mas não sabem como falar com a garota sobre essa situação. Como forma de buscar pistas, a mãe resolveu mexer nas coisas da menina e acabou achando um teste de gravidez dentro de uma caixa. O que vocês acham dessa situação?"

Operacionalização da situação

Slide 8.8.

"Vamos pensar no que está acontecendo. Qual é a situação que evoca o comportamento da mãe?"

Perguntas para estimular a discussão

- "O que explica o comportamento estranho da menina?"
- "A mãe da garota pode mexer nas coisas pessoais da filha?"
- "O que vocês acham da falta de diálogo entre os pais e a menina?"

Possibilidades a serem discutidas

- "Qual pode ter sido o pensamento da mãe nessa situação?"
  - "Minha filha está exposta a vários perigos".
  - "Preciso proteger minha filha de tudo de ruim que pode acontecer".
  - "Minha filha precisa da minha ajuda".
- "Como a mãe pode ter se sentido?"
  - "Angustiada?"
  - "Ansiosa?"
  - "Preocupada?"
- "Qual é o comportamento?"
  - "A mãe discute com a menina?"
  - "A mãe invade as coisas pessoais da menina?"
  - "A mãe pode afastar a filha, fazendo com que ela não conte mais o que acontece?"
  - "A garota pode se sentir incompreendida pela mãe?"
  - "A mãe pode se sentir culpada depois?"

Alternativas para lidar com a situação

Slide 8.9.

"Pensando no que discutimos agora, o que vocês acham desse contexto? Como a mãe poderia ter lidado com essa situação?"

Possibilidades para lidar com a situação

A mãe poderia ter conversado, sinalizando que estava percebendo mudanças de comportamento. Caso a filha tivesse dificuldade de exibir as necessidades, a responsável poderia conversar com os pais dos amigos da garota para tentar entender o que está acontecendo. Ou em condições extremas, a mãe poderia discutir com a menina, a fim de deixar clara a sua preocupação. É indicado que os pais sejam agentes de orientação, sobretudo da parte sexual, podendo inclusive levar as filhas ao ginecologista, demonstrando uma postura de autocuidado em relação ao desenvolvimento.

A situação discutida representa um impasse muito comum entre os pais de adolescentes, os quais se sentem sem saída em muitos momentos, uma vez que percebem os filhos distantes. Pensando no caso apresentado, a mãe de Marcela poderia ter conversado com ela como oportunidade de deixar a filha confortável, sem confrontações diretas, permitindo que a menina se sentisse acolhida para comunicar o que está ocorrendo.

Apresentação da História 3

Slides 8.10 e 8.11.

"João saiu com alguns amigos para uma festa do colégio. Os pais do garoto ficaram em casa preocupados com o que poderia acontecer com o menino no decorrer da noite, por conta disso, começaram a mandar várias mensagens. João ficou irritado, porque não conseguiu aproveitar com os colegas, já que tinha que ficar respondendo as mensagens dos pais. O que vocês acham dessa situação?"

Operacionalização da situação

Slide 8.12.

"Vamos pensar no que está acontecendo. Qual é a situação que evoca o comportamento da mãe?"

Perguntas para estimular a discussão
- "O menino poderia ter saído para comemorar o aniversário?"
- "Os pais devem se sentir inseguros pelo menino estar em um espaço sem monitoramento?"
- "Os pais do garoto podem enviar mensagem para monitorá-lo?"

Possibilidades a serem discutidas
- "Qual pode ter sido o pensamento dos pais nessa situação?"
  - "Meu filho está exposto a vários perigos".
  - "Preciso proteger meu filho de tudo de ruim que pode acontecer".
  - "Preciso saber o que está acontecendo para poder ajudá-lo caso algo ruim aconteça".
- "Como os pais podem ter se sentido?"
  - "Angustiados?"
  - "Amedrontados?"
  - "Preocupados?"
- "Qual é o comportamento?"
  - "Os pais discutem com o menino?"
  - "Os pais enviam diversas mensagens para o garoto?"
  - "Os pais podem deixar o filho desconfortável, já que não está aproveitando o momento?"
  - "O garoto pode se sentir vigiado pelos pais?"
  - "O menino pode se distanciar afetivamente dos pais?"

Alternativas para lidar com a situação
Slide 8.13.

"Pensando no que discutimos agora, o que vocês acham desse contexto? Como os pais poderiam ter lidado com essa situação?"

Possibilidades para lidar com a situação
Os pais podem continuar tentando controlar o comportamento do filho e distanciá-lo ainda mais, ou podem ser realizados combinados para que esse padrão controlador diminua e a independência do menino se eleve.

Um modo de evitar essa situação desconfortável é a negociação, a qual deve ter participação direta dos pais e do filho. Nesses combinados, podem ser acertados o horário de ida e de volta e mensagens com avisos sobre ter chegado ao local do evento e sobre o momento de saída.

Também pode ser combinado que o menino envie mensagens caso algo desconfortável ocorra, para que esteja sensível às condições que possam ser prejudiciais para si. Esses acordos propiciam que o garoto se coloque de modo mais independente no ambiente.

Apresentação da História 4

Slides 8.14 e 8.15.

"A mãe de Ana Lívia resolveu que sua filha tinha que se afastar de Laura, pois ela via a amiga como uma péssima companhia para a garota. Entretanto, ela decidiu isso sozinha, sem explicar as razões para Ana. Como forma de lidar com essa situação, ela resolveu trocar a menina de sala e pediu para as pessoas do colégio ficarem de olho nas meninas e em qualquer tipo de aproximação que poderia ocorrer. O que vocês acham da situação?"

Operacionalização da situação

Slide 8.16.

"Vamos pensar no que está acontecendo. Qual é a situação que evoca o comportamento da mãe?"

Perguntas para estimular a discussão

- "A mãe acha que a amiga pode ser um fator de risco da filha?"
- "A mãe está preocupada com a filha?"
- "A menina interage com a amiga?"

Possibilidades a serem discutidas

- "Qual pode ter sido o pensamento da mãe nessa situação?"
  - "Laura é um perigo para minha filha".
  - "Preciso proteger minha filha de tudo de ruim que pode acontecer".
  - "Preciso afastar minha filha de pessoas que possam ser ruins para ela".
  - "Minha filha é muito inocente".
- "Como a mãe pode ter se sentido?"
  - "Amedrontada?"
  - "Irritada?"
  - "Preocupada?"

- "Qual é o comportamento?"
  - "A mãe discute com a menina?"
  - "A mãe afasta a filha da amiga?"
  - "A mãe transfere a filha para outra sala?"
  - "A mãe pode afastar a filha, fazendo com que ela não conte mais o que acontece?"
  - "A garota pode se sentir irritada com a mãe?"
  - "A mãe pode se sentir culpada depois?"

Alternativas para lidar com a situação

Slide 8.17.

"Pensando no que discutimos agora, o que vocês acham desse contexto? Como a mãe poderia ter lidado com essa situação?"

Possibilidades para lidar com a situação

A mãe poderia ter conversado, sinalizando que estava percebendo os efeitos que poderiam ser gerados por essa amizade. Em um extremo, a mãe responsável poderia ter afastado a filha de todo o contato com a amiga, generalizando isso para outros ambientes, como o *online*.

Nossa última história mostra os efeitos de um padrão controlador, em que os pais decidem tudo que deve ser realizado, mas não incluem os filhos nesse processo de discussão. O funcionamento citado pode distanciar as crianças e os adolescentes dos pais, uma vez que eles se sentem incompreendidos.

Os pais de Ana Lívia poderiam ter sinalizado as preocupações da amizade com Laura, podendo comentar que percebem a menina diferente quando está com a amiga e que gostariam que ela estivesse um pouco mais atenta a isso. Entende-se que o monitoramento dessa relação seria importante, mas deveria ser feito com acolhimento e tentando fazer com que a filha se sentisse confortável para falar espontaneamente sobre o que ocorre, evitando as atitudes extremas.

Efeitos do monitoramento

Slide 8.18.

"Pensando em todas as situações que foram retratadas, gostaria que vocês me falassem quais são os efeitos do monitoramento".

Perguntas para estimular a discussão
- "Quais atitudes dos pais podem distanciar os filhos?"
- "Quais comportamentos dos pais podem aproximar os filhos?"
- "Quando a monitoria passa a ser prejudicial para a relação?"
- "Monitorar os comportamentos é a mesma coisa que controlar as ações dos filhos?"

Consequências da monitoria excessiva

Slide 8.19.

Os efeitos produzidos pela monitoria excessiva podem produzir uma barreira entre pais e filhos, uma vez que estes podem se distanciar dos pais, dada a diminuição da confiança que pode permear a relação. A tentativa de ter controle de tudo que acontece na vida de crianças e adolescentes pode gerar a sensação de serem invadidos o tempo todo, dinâmica que pode limitar a exploração do ambiente[48,49].

"Os pais que tentam exercer controle do que acontece podem propiciar o desenvolvimento do cérebro reativo, o qual observa o ambiente como ameaçador e paralisa o indivíduo diante de condições que possam ser novas[27]. Pensando nas relações com seus filhos, de que forma vocês avaliam a supervisão que fazem?"

Perguntas para estimular a discussão
- "De que forma vocês tentam se aproximar dos seus filhos?"
- "Como seus filhos reagem quando vocês se aproximam para descobrir se algo está acontecendo?"
- "Como vocês reagem quando seus filhos optam por não responder algo que está sendo questionado?"
- "Quais são as reações de vocês caso percebam que seus filhos estão escondendo algo?"
- "O que vocês fazem que distanciam seus filhos? E quais ações os aproximam?"

SESSÃO 9 – COMUNICAÇÃO INFANTIL

Objetivo
Identificar, em conjunto com os participantes do grupo, os modos de comunicação que podem permear a interação.

Temáticas abordadas
Modelos de comunicação passiva, agressiva e assertiva. Novas possibilidades para interagir verbalmente com a criança.

Material
Slides da Sessão 9 com a conceituação de algumas terminologias e folha com atividade.

Introdução sobre a temática

Slide 9.1.
"Nosso encontro hoje será sobre o processo de comunicação e o modo como podemos interagir com as crianças. Vocês conseguem me explicar para que a comunicação serve?"

Perguntas para estimular a discussão
- "Em quais situações precisamos nos comunicar com os outros?"
- "Como você se sente quando precisa falar com o outro?"
- "O que conseguimos fazer por meio da comunicação?"
- "Comunicação é só verbal-vocal?"
- "Como você avalia a comunicação com o seu filho?"

Operacionalização do processo de comunicação

Slide 9.2.

"A comunicação é um processo que permite que as ideias e os pensamentos sejam transmitidos para os outros que estão ao nosso redor. O processo comunicativo proporciona estabelecer novas relações sociais e manter as que já temos[50]".

"Mas quando pensamos na comunicação, não estamos nos referindo somente à parte verbal. O processo de comunicação abarca tanto os componentes verbais quanto os não verbais. Os elementos verbais abarcam as palavras, que podem ser faladas ou escritas, já os constituintes não verbais são os fatores que acompanham a nossa fala[50]. Vocês conseguem me dar exemplos?"

Perguntas para estimular a discussão
- "Quando precisamos ligar em algum lugar para resolver algum problema, utilizamos a linguagem verbal ou não verbal?"
- "As expressões faciais que acompanham nossas falas são verbais ou não verbais?"
- "Uma placa de trânsito utiliza a linguagem verbal ou não verbal?"
- "As histórias em quadrinhos utilizam a linguagem verbal ou não verbal?"
- "O jornal utiliza a linguagem verbal ou não verbal? E se for o jornal impresso?"

"Ainda falando do processo de comunicação, nós temos formas de demonstrar aquilo que estamos sentindo. Podemos falar de três tipos de comunicação, vamos iniciar com a comunicação passiva. Vocês já ouviram falar dela? Se sim, como geralmente ela se manifesta?"

- "Como geralmente é uma pessoa que apresenta comportamento passivo?"
- "Como uma pessoa passiva pode se posicionar nas relações?"
- "Como uma pessoa passiva pode agir diante de situações problemáticas?"
- "Como uma pessoa passiva demonstra insatisfação?"
- "Como possivelmente uma pessoa passiva se sente?"
- "Como o ambiente responde para uma pessoa que tem comportamento passivo?"

Operacionalização da comunicação passiva

Slide 9.3.

"A comunicação passiva se manifesta quando uma pessoa não consegue se posicionar no ambiente, concordando com tudo que os demais colocam, mesmo que seja algo que não esteja de acordo com os próprios valores. As pessoas que estão ao redor podem gostar bastante de estar do lado de uma pessoa assim, já que não há reclamações e nem a manifestação de insatisfação".[51]

"Nosso próximo tipo de comunicação é a agressiva. O que vocês conhecem desse tipo de padrão?"

Perguntas para estimular a discussão

- "Como geralmente é uma pessoa que apresenta comportamento agressivo?"
- "Como uma pessoa agressiva pode se posicionar nas relações?"
- "Como uma pessoa agressiva pode agir diante de situações problemáticas?"
- "Como uma pessoa agressiva demonstra insatisfação?"
- "Como possivelmente uma pessoa agressiva se sente?"
- "Como o ambiente responde para uma pessoa que tem comportamento agressivo?"

Operacionalização da comunicação agressiva

Slide 9.4.

"Quando o ponto é comunicação agressiva, geralmente, estamos falando de um sujeito que não respeita os limites dos outros, buscando que os demais aceitem a sua própria perspectiva, mesmo quando essa pode invalidar as necessidades alheias. As pessoas, na maioria das vezes, afastam-se de quem é agressivo, porque, frequentemente, é bem desconfortável[51]".

"Nosso próximo tipo de comunicação é a assertiva. O que vocês conhecem desse tipo de padrão?"

Perguntas para estimular a discussão

- "Como geralmente é uma pessoa que apresenta comportamento assertivo?"
- "Como uma pessoa assertiva pode se posicionar nas relações?"

- "Como uma pessoa assertiva pode agir diante de situações problemáticas?"
- "Como uma pessoa assertiva demonstra insatisfação?"
- "Como possivelmente uma pessoa assertiva se sente?"
- "Como o ambiente responde para uma pessoa que tem comportamento assertivo?"

Operacionalização da comunicação assertiva

Slide 9.5.

"Já a comunicação assertiva é manifestada quando há o respeito pelo que os outros colocam em equilíbrio com o próprio ponto de vista. Observa-se que há o respeito das próprias necessidades e das alheias, a finalidade é que cheguem em um acordo. As pessoas se aproximam de quem as respeita e valida[51]".

"Agora, pensando nesses três modos de comunicação, qual está mais próximo das suas características? Com qual a sua comunicação se assemelha mais? Como forma de entendermos melhor esse processo, vou contar algumas histórias para vocês para pensarmos em conjunto o que poderia ser feito de diferente".

"Além disso, vou entregar uma folha com o termômetro da comunicação, [*slide* 9.16] para que vocês pensem em qual forma de comunicação as histórias se encaixam".

Apresentação da História I

Slides 9.6 e 9.7.

"Maria sempre chama Felipe para ajudá-la a fazer as coisas em casa, o menino sempre responde o famoso 'já vou'. Isso é o suficiente para a mãe do menino ficar muito brava e falar que não pode contar com ele, que está sozinha mesmo. Felipe às vezes vai ajudar, mas não é com muita felicidade, é só para a mãe parar de brigar. O que vocês acham dessa situação?"

Perguntas para estimular a discussão
- "O que está acontecendo na situação contada?"
- "Qual foi o modo de comunicação utilizado pela mãe?"
- "Qual foi o modo de comunicação utilizado pelo filho?"
- "Qual efeito a comunicação da mãe pode ter sobre o filho?"

- "Quais podem ser os efeitos dos comentários da mãe sobre o filho?"
- "Como a mãe deve ter se sentido?"
- "Como o filho deve ter se sentido?"

"Percebemos que a mãe de Felipe acaba utilizando a comunicação agressiva, uma vez que ao se sentir desamparada pelo filho, tenta mostrar o desconforto por meio de embates. O que Maria poderia fazer como forma de lidar com a situação?"

Possibilidades para lidar com a situação
- "A mãe poderia continuar brigando com o menino?"
- "Mas qual seria o efeito da discussão no garoto? A mãe se aproxima ou se distancia do filho?"
- "A mãe poderia retirar o celular ou computador do filho?"
- "A mãe poderia colocá-lo de castigo?"
- "A mãe poderia conversar com o filho?"

Alternativas para lidar com a situação
Slide 9.8.

Maria deve estar cansada de sempre ter que implorar para que o menino faça algo, para assim poder investir em alternativas. A mãe poderia desmembrar o que está pedindo, trazendo uma coisa por vez. Além disso, pode ser realizada uma divisão de tarefas, deixando explícito o que ambos devem fazer para que se afastem de cobranças e conflitos.

Outra possibilidade é realizar um combinado, em que ele terá acesso a alguma coisa de que gosta após ter feito as atividades estabelecidas ou ter momentos em conjunto, como forma de demonstrar que se as tarefas forem feitas por todos haverá maior tempo para fazerem coisas juntos.

Apresentação da História 2

Slides 9.9 e 9.10.

"Joana ficou muito chateada com o comportamento do filho, mas não sabia como abordar esse assunto com o garoto. O menino procurou a mãe já que não entendia por qual razão ela havia se afastado dele, mas Joana não quis conversar com ele. O que vocês acham dessa situação?"

Perguntas para estimular a discussão

- "O que está acontecendo na situação contada?"
- "Qual foi o modo de comunicação utilizado pela mãe?"
- "Qual foi o modo de comunicação utilizado pelo filho?"
- "Qual efeito a comunicação da mãe pode ter sobre o filho?"
- "O que o filho pode sentir com a mãe se distanciando?"
- "Como a mãe deve ter se sentido?"
- "Como o filho deve ter se sentido?"

"Percebemos que a mãe do garoto acaba utilizando a comunicação passiva, uma vez que mesmo se sentindo incompreendida pelo filho opta por não manifestar a reverberação emocional produzida. O que ela poderia fazer como forma de lidar com a situação?"

Possibilidades para lidar com a situação

- "A mãe poderia começar a brigar com o menino?"
- "A mãe poderia continuar se afastando do menino?"
- "A mãe poderia retirar o celular ou computador do filho?"
- "A mãe poderia colocá-lo de castigo?"
- "A mãe poderia conversar com o filho?"

Alternativas para lidar com a situação

Slide 9.11.

Os pais são grandes modelos para os filhos. O comportamento da mãe pode ser uma tentativa de não agir de forma extrema com o menino, mas também não mostra para ele o que está fazendo de forma equivocada. Seria importante que a mãe se vulnerabilizasse, demonstrando os efeitos que o comportamento do filho teve sobre ela[27].

O afastamento do garoto poderia ocorrer como forma da mãe se organizar emocionalmente, mas a conversa sobre a situação problemática deve acontecer. Caso isso não aconteça, o menino só perceberá o desconforto, mas ficará sem entender de fato qual situação gerou a condição adversa.

Apresentação da História 3

Slides 9.12 e 9.13.

"Fernando ficou muito irritado com a conversa que teve na escola sobre o comportamento dos filhos. O homem chegou estressado e quando encontrou os irmãos, brigou bastante com eles, falou que eles só o faziam passar vergonha, que eles não aprendem mesmo e que caso isso acontecesse mais uma vez a conversa seria diferente. O que vocês acham dessa situação?"

Perguntas para estimular a discussão
- "O que está acontecendo na situação contada?"
- "Qual foi o modo de comunicação utilizado pelo pai?"
- "Qual foi o modo de comunicação utilizado pelo filho?"
- "Qual o efeito de brigas na relação com o filho?"
- "Quais podem ser os efeitos dos comentários do pai sobre o filho?"
- "Qual efeito a comunicação do pai pode ter sobre o filho?"
- "Como o pai deve ter se sentido?"
- "Como o filho deve ter se sentido?"

"Percebemos que o pai do garoto acaba utilizando a comunicação agressiva, uma vez que demonstra o que sente de modo impositivo, podendo repercutir negativamente nos filhos. O que ele poderia fazer como forma de lidar com a situação?"

Possibilidades para lidar com a situação
- "O pai poderia continuar a brigar com os meninos?"
- "O pai poderia se afastar dos meninos?"
- "O pai poderia fingir que nada aconteceu?"
- "O pai poderia retirar o celular ou computador dos filhos?"
- "O pai poderia colocá-los de castigo?"
- "O pai poderia conversar com os filhos?"

Alternativas para lidar com a situação

Slide 9.14.

O comportamento do pai possivelmente aconteceu no ápice da situação, mas essa atitude pode distanciá-lo dos meninos. Algumas alternativas poderiam ter sido empregadas, como se distanciar por algum tempo, ficar um pouco calmo para depois conversar ou, durante esse período, poderia escrever o que estava sentindo.

O pai pode alinhar as expectativas sobre o que espera dos filhos na escola e sobre o que os meninos podem fazer nesse contexto. Uma possibilidade é conversar com os garotos para entender como percebem esse ambiente e se algo aconteceu que pode ter diminuído o interesse deles na escola.

Por último, o pai pode ser acionado para ajudar a fazer os meninos compreenderem a escola de outro modo, isso pode acontecer brincando de escolinha, pedindo que os filhos falem sobre o que aprenderam na escola ou até mesmo estudando juntos algumas vezes na semana.

"Como é o processo de comunicação de vocês com seus filhos?"

Perguntas para estimular a discussão
- "Qual padrão de comunicação é mais característico de vocês?"
- "Em quais situações vocês podem se posicionar de modo passivo?"
- "Como vocês acham que seus filhos se sentem quando vocês estão passivos?"
- "Em quais condições vocês apresentam comportamentos agressivos?"
- "Como vocês acham que seus filhos se sentem quando vocês estão agressivos?"
- "Em quais situações vocês são assertivos?"
- "Como vocês acham que seus filhos se sentem quando vocês estão assertivos?"

Necessidades para o processo comunicativo ocorrer adequadamente

Slide 9.15.

"Podemos encerrar o grupo pensando nos fatores que podem interferir quando estamos nos comunicando com os outros".

"Um ponto que deve ser ressaltado se refere às necessidades de cada um, as quais precisam ser ditas de maneira clara, pois desta forma o outro sabe o que você deseja".

SESSÃO 10 – RESPONSIVIDADE EMOCIONAL

Objetivo
Identificar, em conjunto com os participantes do grupo, possibilidades que fomentem a disponibilidade emocional.

Temáticas abordadas
Alternativas para responder as necessidades emocionais apresentadas pelos filhos.

Material
Slides da Sessão 10 com a conceituação de algumas terminologias e apresentação de situações que fomentem discussão.

Introdução sobre a temática

Slide 10.1.
"No encontro passado discutimos aspectos relacionados à comunicação e possibilidades que podem fomentar maior sensibilidade às necessidades dos filhos. Hoje, nosso encontro visa abordar o contato afetivo e de que maneira podemos ficar sensíveis às demandas apresentadas. De que forma percebemos que as pessoas estão sensíveis emocionalmente?"

Perguntas para estimular a discussão

- "Quando a criança se machuca e vai conversar com o pai sobre essa situação e não é dada tanta atenção, houve disponibilidade emocional?"
- "Quando as crianças se comportam inadequadamente e os pais não observam esse padrão, houve sensibilidade emocional?"
- "Nos momentos em que as crianças fazem birras no supermercado ou no *shopping* e os pais batem, houve cuidado emocional?"

- "Nos momentos em que os filhos querem conversar sobre situações que aconteceram na escola e os pais prestam atenção no que está sendo dito, houve disponibilidade emocional?"
- "Quando um pai comete um erro com o filho e não pede desculpas, houve sensibilidade emocional?"

Operacionalização da sensibilidade emocional

Slide 10.2.

"Quando discutimos a sensibilidade emocional, estamos abordando diferentes frentes associadas ao cuidado. A sensibilidade possibilita que as pessoas solicitem ou recebam retorno dos outros, nesse cenário, há a possibilidade de dizer as emoções que foram geradas em diferentes momentos e de que forma determinadas condições podem ter repercutido nos sujeitos[3]".

"Quando abordamos a sensibilidade emocional, também englobamos a capacidade de realizar e aceitar pedidos de desculpa. O padrão mencionado não é só das crianças para os pais, é importante saber ponderar e reconhecer quando uma atitude inadequada foi tomada[52]".

"Por fim, o reconhecimento dos comportamentos adequados e inadequados também constituem a sensibilidade emocional. Os pais são figuras que auxiliam as crianças sobre o que pode ou não ser feito. Pensando em tudo que já conversamos até aqui, vamos ver algumas situações e pensar, em conjunto, em possibilidades[3]". Ver *slide* 10.19.

Apresentação da História 1

Slides 10.3 e 10.4.

"O garoto chega em casa após ter recebido uma nota ruim na prova realizada no dia anterior e tenta conversar com a mãe sobre a situação. A mãe fala que deve ter sido muito difícil para ele essa situação, mas que algo pode ser feito. Juntos eles pensam em um horário em que podem estudar conjuntamente. O que vocês acham da postura dessa mãe?"

Perguntas para estimular a discussão
- "A reação da mãe aproxima ou distancia o filho?"
- "Vocês acham que a mãe facilitou muito a situação do garoto?"

- "Como vocês acham que o garoto estava se sentindo antes de contar para a mãe?"
- "Como vocês acham que o garoto se sentiu depois de conversar com a mãe?"
- "Se a mãe tivesse discutido com o menino, como possivelmente ele teria se sentido?"
- "Se a mãe não tivesse dado atenção ao que o filho falou, como possivelmente ele teria se sentido?"
- "Quais as outras alternativas para a mãe agir diante dessa situação?"

Alternativas para lidar com a situação

Slide 10.5.

Pensando na situação que discutimos, a mãe poderia ter tido outras reações, as quais poderiam ter gerado outros efeitos no garoto. A mulher poderia ter brigado com o filho, mas já conversamos sobre os efeitos das discussões. Os embates tendem a afastar as crianças dos pais, uma vez que se sentem incompreendidas.

"A ideia da mãe de estruturar um cronograma pode contribuir bastante para a rotina de estudo do garoto, mas como podemos estruturar uma rotina?"

Perguntas para estimular a discussão

- "Na rotina, devemos colocar somente as atividades obrigatórias, sem colocar espaços de descanso?"
- "No cronograma, colocamos primeiro as atividades obrigatórias e depois as opcionais?"
- "Na rotina, devemos preencher todos os horários, sem qualquer possibilidade de flexibilizar?"
- "No cronograma, colocamos primeiro as atividades legais e depois as mais demandantes?"
- "A última possibilidade que a mãe do garoto poderia pensar é na consequência dos comportamentos. O que a mãe poderia fazer para ou com o menino quando o visse estudando? Ou nos momentos em que ele tira boas notas no colégio?"

Perguntas para estimular a discussão

- "A demonstração de afeto pode servir como caminho para as consequências quando a criança apresenta comportamento adequado?"

- "A mãe poderia reservar um intervalo para fazer alguma atividade com o garoto?"
- "A mãe pode falar para o menino sobre possíveis combinados, como 'se você estudar, pode jogar ou brincar por 30 minutos?'"

Apresentação da História 2

Slides 10.6 e 10.7.

"A garota está triste porque gosta de um menino que não dá tanta bola para ela. Como forma de desabafar, resolve contar para a mãe. A mãe da menina fica muito brava, falando que ela é muito nova para namorar e que deveria focar nos estudos. O que vocês acham da situação?"

Perguntas para estimular a discussão

- "Os pais podem demonstrar preocupação para os filhos?"
- "A reação da mãe aproxima ou distancia a filha?"
- "O comportamento da mãe foi assertivo, passivo ou agressivo?"
- "Como vocês acham que a garota estava se sentindo antes de contar para a mãe?"
- "Como vocês acham que a garota se sentiu depois de conversar com a mãe?"
- "Se a mãe tivesse acolhido o que a filha estava falando, como possivelmente a garota teria se sentido?"
- "Quais outras alternativas para a mãe agir diante dessa situação?"

Alternativas para lidar com a situação

Slide 10.8.

Na situação discutida, a mãe pode realmente ficar preocupada com a garota, principalmente se ela for mais nova e estiver em uma fase precoce do desenvolvimento. Entendemos que um namoro poderia atravessar outras áreas da vida, mas nosso foco é na reação da mãe, que acabou discutindo e gerando, possivelmente, um sentimento de reprovação na garota. O funcionamento da interação referida pode produzir um distanciamento entre elas, uma vez que a menina pode optar por não compartilhar as situações com a mãe.

"Outra possibilidade seria tentar demonstrar como a mãe está se sentindo diante dessa situação, acolhendo o que a filha está relatando e associando com as preocupações que podem estar presentes. Como fazer isso?"

Perguntas para estimular a discussão

- "A mãe precisa entender a situação que está acontecendo antes de agir?"
- "A mãe necessita escutar os pontos da filha antes de colocar os dela?"
- "A mãe necessita falar o que está sentindo diante dessa situação?"
- "A mãe poderia relatar vivências parecidas com a da garota?"
- "A mãe precisa trazer soluções para a situação com a filha?"

Percebemos que a mãe realmente precisa colocar os pontos que está observando nessa situação, para tanto, essa interação precisa acontecer de modo respeitoso. A mãe poderia falar: "Filha, sei que você está em uma fase em que começa a ter interesse por outras pessoas, daqui para frente isso realmente vai acontecer, mas fico preocupada com você e de que forma um relacionamento agora pode afetar sua rotina".

Apresentação da História 3

Slides 10.9 e 10.10.

"A menina vai mostrar um trabalho que fez para a aula do dia seguinte e pergunta o que o pai acha da sua tarefa. O homem fala que o trabalho está péssimo e que ela deveria passar a noite refazendo a atividade. O que vocês acham dessa situação?"

Perguntas para estimular a discussão

- "Os pais podem demonstrar insatisfação para os filhos?"
- "A reação do pai aproxima ou distancia a filha?"
- "O comportamento do pai foi assertivo, passivo ou agressivo"
- "Como vocês acham que a garota estava se sentindo antes de mostrar o trabalho para o pai?"
- "Como vocês acham que a garota se sentiu depois de conversar com o pai?"
- "Se o pai tivesse acolhido o que a filha fez, como possivelmente a garota teria se sentido?"
- "O que a postura do pai ensinou para a garota?"
- "Como vocês avaliam a solução apresentada pelo pai?"
- "Quais outras alternativas para o pai agir diante dessa situação?"

Alternativas para lidar com a situação

Slide 10.11.

Podemos pensar no que o pai da garota poderia ter feito como forma de ajudá-la em relação ao trabalho. O homem poderia ter realmente falado que não gostou do trabalho, no entanto, teria como resultado dessa postura o afastamento da filha. Outra possibilidade de reação é mentir para a garota, sinalizando que o trabalho estava bom quando não estava, só que essa dinâmica não ajudaria a menina a melhorar ou desenvolver novas habilidades.

Outra alternativa poderia ser demonstrar a validação em relação ao que a garota produziu, mas tentando mostrar aspectos que poderiam ser melhorados. No cenário referido, o pai poderia ter dito que sabe que a filha investiu muita energia e tempo no trabalho, mas que percebe que determinados pontos poderiam ter sido feitos de outro modo. Ao final da fala o homem poderia questionar o que a menina acha do que foi explicitado.

Apresentação da História 4

Slides 10.12 e 10.13.

"A mãe da menina arrumou a maior briga com a vizinha, porque achou que a moça estava dando em cima do marido. A filha da mulher ficou morta de vergonha com essa situação. Quando elas chegaram em casa, a menina sinalizou que ficou bem desapontada com a postura da mãe, e a mulher discutiu com a filha. O que vocês acham dessa situação?"

Perguntas para estimular a discussão

- "Os pais podem discutir com outras pessoas na frente dos filhos?"
- "Os filhos podem demonstrar que estão insatisfeitos com algo?"
- "A reação da mãe aproxima ou distancia a filha?"
- "O comportamento da mãe foi assertivo, passivo ou agressivo?"
- "Como vocês acham que a garota estava se sentindo diante da atitude da mãe com a vizinha?"
- "Como vocês acham que a garota se sentiu depois de conversar com a mãe?"
- "Se a mãe tivesse acolhido o que a filha fez, como possivelmente a garota teria se sentido?"
- "O que a postura da mãe ensinou para a garota?"
- "De quais outras formas a mãe poderia ter agido diante dessa situação?"

Alternativas para lidar com a situação

Slide 10.14.

Na situação apresentada, outras possibilidades de comportamento estavam presentes. A mãe da garota poderia ter ido conversar com a vizinha em outro momento, de preferência quando a filha não estivesse presente. Se essa alternativa fosse tomada, a mulher estaria se antecipando, já que teria consciência de que poderia ter comportamentos extremos.

"Outra possibilidade é o momento posterior à situação apresentada, uma vez que ao brigar com a menina sugere que ela não pode ficar insatisfeita com algumas situações. A mãe da garota poderia ter tentado compreender como a filha se sentiu, mas como fazer isso?"

Perguntas para estimular a discussão

- "A mãe precisa entender antes a situação que está acontecendo?"
- "A mãe necessita escutar os pontos da filha antes de colocar os dela?"
- "A mãe pode falar o que está sentindo diante dessa situação?"
- "A mãe pode questionar como a filha se sentiu quando a viu discutindo com a vizinha?"
- "A mãe pode perguntar para filha o que ela teria feito na mesma situação?"

Devemos compreender que os pais são os modelos de interação para os filhos. Na situação apresentada, foi indicado que o embate é o caminho para solucionar condições problemáticas, funcionamento que pode ser apreendido pela menina e generalizado para outras relações.

Apresentação da História 5

Slides 10.15 e 10.16.

"O menino quebrou o vaso que a mãe gostava muito. Após ela chegar em casa, ele resolve contar para ela o que aconteceu, a mãe entende que foi um acidente e pede para tomar mais cuidado da próxima vez. O que vocês acham dessa situação?"

Perguntas para estimular a discussão

- "Os pais podem acolher os filhos quando cometem erros?"
- "A reação da mãe aproxima ou distancia o filho?"

- "O comportamento da mãe foi assertivo, passivo ou agressivo"
- "Como vocês acham que o garoto estava se sentindo antes de conversar com a mãe?"
- "Como vocês acham que o garoto se sentiu depois de conversar com a mãe?"
- "Se a mãe tivesse brigado com o menino, como possivelmente o garoto teria se sentido?"
- "O que a postura da mãe ensinou para o garoto?"
- "Quais as outras alternativas para a mãe agir diante dessa situação?"

Alternativas para lidar com a situação

Slide 10.17.

A mãe do garoto poderia ter agido de outras formas, sendo que as reações adaptativas poderiam ter aproximado o filho. Entende-se que as reações extremas, como brigar com o menino, demonstrando elevada insatisfação com o que ocorreu, poderia gerar brigas e embates, promovendo o distanciamento entre ambos.

A postura da mãe propiciou acolhimento diante do que aconteceu, sendo que percebeu a condição enquanto um acidente e não um ato proposital do filho. Na perspectiva citada, a mulher ainda conseguiu advertir o menino a prestar atenção no que estava fazendo, uma vez que poderia se machucar.

A última possibilidade de resposta seria colocar o garoto de castigo, como forma de puni-lo, dinâmica na qual o menino poderia se sentir incompreendido, uma vez que a situação ocorrida não foi intencional.

Sensibilidade emocional

Slide 10.18.

"Estamos chegando ao fim do nosso encontro e, agora, pensando em todas as situações que abordamos, podemos finalizar o dia entendendo que sensibilidade emocional acontece ao percebermos as necessidades dos outros e as nossas próprias demandas".

"O contato emocional adequado ocorre quando respondemos de acordo com a situação que está acontecendo, estando sensível às próprias necessidades afetivas produzidas em cada condição. Agora quero saber um pouco como está a disponibilidade emocional de vocês".

Perguntas para estimular a discussão

- "Vocês conseguem conversar com seus filhos sobre o dia deles?"
- "Como vocês reagem quando as crianças fazem algo adequado?"
- "Como vocês reagem quando as crianças fazem algo inadequado?"
- "Como vocês demonstram afeto?"
- "Como vocês agem quando seus filhos demonstram afeto para vocês?"

SESSÃO 11 – O DESENVOLVIMENTO DA RELAÇÃO COM OS FILHOS

Objetivo
Identificar, em conjunto com os participantes do grupo, os fatores que interferem na interação com os filhos.

Temáticas abordadas
Os aspectos que intersecionam a interação com os filhos e alternativas que podem viabilizar uma relação positiva com as crianças.

Material
Slides da Sessão 11 com a apresentação de situações para serem usadas como base para discussão e folhas com atividades.

Introdução sobre a temática

Slide 11.1.
"Estamos nos aproximando do encerramento dos grupos e, pensando em tudo que abordamos ao longo desses encontros, vamos discutir a construção da relação com as crianças e quais elementos precisam ser analisados com maior cuidado. Para tanto, vou apresentar algumas situações e vamos discutir, em conjunto, alternativas de resolução do problema proposto".

Apresentação da História 1

Slides 11.2 e 11.3.
"Fernando estava entediado no quarto, tudo que ele queria era brincar com alguém, mas como estava tarde, sabia que seus pais não o deixariam sair para a casa de alguma criança naquele horário. O menino viu o pai de bobeira mexendo no celular e o chamou para brincar, o pai do garoto fez um acordo:

primeiro, Fernando tomaria banho e jantaria, e só depois disso eles brincariam juntos. O que vocês acham dessa situação?”

Perguntas para estimular a discussão

- “Vocês acham que o pai tomou uma boa decisão?”
- “Em quais momentos a negociação pode auxiliar?”
- “Como vocês acham que o menino se sentiu com a atitude do pai?”
- “Como vocês acham que o garoto se sentiu por ter participado da decisão?”
- “Se o pai tivesse brigado com o menino, uma vez que ele ainda não tinha tomado banho, como o garoto teria se sentido?”
- “Vocês acham que quando as crianças sabem o que os pais esperam delas o comportamento modifica?”
- “Como geralmente as crianças agem quando as decisões são impostas pelos pais?”
- “O pai poderia ter agido de outro modo?”

Alternativas para a situação

Slide 11.4.

Quando discutimos negociação, estamos abordando a temática relacionada aos combinados, os quais precisam da participação direta dos pais e dos filhos. Os acordos auxiliam as crianças a entenderem o que é esperado em relação aos comportamentos delas, uma vez que as expectativas são ditas[53].

Muitas crianças podem ter dificuldade de se organizar em relação aos combinados, para tanto, os pais podem auxiliá-los, utilizando, por exemplo, um quadro com a rotina por escrito. Desse modo, em caso de dúvidas, os acordos e as atividades do dia podem ser revisitados sempre que necessário.

Deve-se ressaltar que a chantagem não é um caminho proveitoso, uma vez que, nessa condição, somente os pais saem com benefícios. Além disso, as crianças acabam se comportando em prol de atender o que os pais esperam e não pelas consequências esperadas do seu comportamento.

Podemos citar a condição do banho como exemplo. É necessário que isso aconteça dada a necessidade de ficar limpo e não em decorrência de regras que podem ser criadas pelos pais como tentativa extrema de fazer a criança se comportar do modo como desejam.

Apresentação da História 2

Slides 11.5 e 11.6.

"Guilherme estava brincando na rua com seu *skate* super irado, infelizmente, o menino não viu que estava vindo um carro e acabou sendo atropelado. A situação foi desesperadora para o garoto, ele teve que ir ao hospital, passou por uma série de exames e só depois de algum tempo foi liberado para casa. Só que toda vez que o menino ia conversar com os pais sobre o que aconteceu, os pais não o deixavam falar sobre como estava se sentindo, dizendo que o que tinha acontecido não poderia ser mudado. O que vocês acham dessa situação?"

Perguntas para estimular a discussão

- "Vocês acham que os pais tomaram uma boa decisão?"
- "Silenciar emoções pode auxiliar no desenvolvimento das crianças?"
- "Como vocês acham que o menino se sentiu com a atitude dos pais?"
- "Como vocês acham que o garoto se sentiu, já que não conseguiu se expressar?"
- "Se os pais tivessem escutado o menino, como possivelmente ele teria se sentido?"
- "O que essa postura dos pais está ensinando para o garoto?"
- "Os pais poderiam ter agido de outro modo?"

Alternativas para a situação

Slide 11.7.

Sabemos que o dia a dia não permite que estejamos disponíveis o tempo todo para as crianças, no entanto, podemos priorizar a qualidade do contato em relação à quantidade de tempo gasto. A situação apresentada sugere que a possibilidade da criança contar como está se sentindo pode auxiliá-la no processo de se regular emocionalmente, uma vez que a condição se consolida de modo mais organizado.

A regulação emocional que acabamos de falar acontece com o apoio dos pais, sendo que estes serão tradutores do que os filhos estão sentindo. Para tanto, perguntas podem ser realizadas, a fim de possibilitar que a criança fale sobre o que aconteceu, uma vez que o distanciamento das emoções só produz sobrecarga afetiva[54].

A dificuldade de entrar em contato com o ambiente afetivo pode gerar um efeito similar ao de uma panela de pressão, uma vez que as situações acontecem entretanto não são elaboradas emocionalmente. O funcionamento referido gera uma intensa estimulação e o efeito cumulativo pode produzir rompantes, que são comportamentos extremos diante de condições corriqueiras.

Slide 11.6: Apresentação da História 3

Slides 11.8 e 11.9.
"Laura trabalha todos os dias, começando cedo do dia até tarde da noite, só que ela gosta de ouvir sobre o dia do filho. Então, todos os dias eles se sentam na sala e conversam sobre o que fizeram. Laura gosta de saber como o filho se sentiu diante das diferentes coisas que realizou ao longo do dia. O menino já criou até o hábito de perguntar para a mãe sobre o dia dela. O que vocês acham dessa situação?"

Perguntas para estimular a discussão

- "Vocês acham que a mãe faz bem em conversar com o filho?"
- "Quais são os benefícios de conversar sobre a vida diária?"
- "Como vocês acham que o menino se sente com a atitude da mãe?"
- "Como vocês acham que a mãe do garoto se sente quando ele o questiona sobre o dia dela?"
- "O comportamento da mãe aproxima ou distancia o filho?"
- "O que essa postura da mãe está ensinando para o garoto?"
- "Quais outros assuntos a mãe poderia discutir com o filho?"
- "A mãe poderia agir de outro modo?"

Alternativas para a situação

Slide 11.10.
Percebemos que o contato mais próximo com os filhos auxilia na construção de um vínculo forte. A relação referida pode acontecer com situações simples, como perguntar para o filho sobre o jogo que está brincando ou o vídeo que está assistindo. Esses comportamentos mostram para a criança a importância que ela tem aos pais.

As conversas sobre o cotidiano ajudam a criança, de modo natural, a aprender a nomear o que pode ter sentido ao longo do dia. Lembre-se que os pais são os tradutores da vida emocional para os filhos. Além desses fatores já citados, o diálogo permite compreender as atividades que estão sendo realiza-das no decorrer dos dias, dessa forma o monitoramento acontece com maior tranquilidade.

Apresentação da História 4

Slides 11.11 e 11.12.

"Silvia estava assistindo televisão quando viu que sua filha mais nova che-gou em casa chorando. A mãe correu para tentar ajudar a menina, só que ela não queria conversar sobre o que havia acontecido no colégio, então, Silvia teve a ideia de acolher a menina, falou que naquele momento não seria necessário falar sobre o que acontecera e que estaria a esperando para conversar no mo-mento em que ela se sentisse confortável. A menina foi ao quarto e depois de algum tempo procurou a mãe para falar sobre a situação da escola. O que vocês acham dessa situação?"

Perguntas para estimular a discussão

- "Vocês acham que a mãe faz bem em respeitar o espaço da filha?"
- "Quando a mãe respeita o tempo da filha, o que ela está ensinando para a garota?"
- "Vocês acham que a mãe faz bem em conversar com a filha?"
- "Como vocês acham que a menina se sentiu com a atitude da mãe?"
- "Se a mãe tivesse obrigado a garota a falar o que aconteceu, como vocês acham que ela teria se sentido?"
- "O comportamento da mãe aproxima ou distancia a filha?"
- "O que essa postura da mãe está ensinando para a garota?"
- "A mãe poderia agir de outro modo?"

Alternativas para a situação

Slide 11.13.

O comportamento da mãe auxilia na construção da relação com a filha, uma vez que demonstra o respeito que tem pela garota. Ao respeitar o tempo da menina, propondo conversarem sobre o que aconteceu em um momento oportuno e quando a filha se sentir segura, a mãe demonstra a intenção de não invadir o espaço dela[27].

A invasão do espaço, impondo que a garota relate o que está sentindo ou algo desconfortável que aconteceu, pode produzir o efeito contrário, uma vez que a menina pode se distanciar da mãe, dado o sentimento de estar sendo desrespeitada[27].

Apresentação da História 5

Slides 11.14 e 11.15.

"Ana tem passado várias horas no computador. A mãe da menina fica preocupada com essa situação, porque não sabe o que a filha tem feito por tanto tempo no computador. A mãe da garota pensa em como poderia conversar com ela sobre isso, mas está preocupada com a reação da menina. Por alguns minutos, a mãe pensa em acessar as mídias de Ana enquanto ela estiver dormindo, mas percebe que isso quebraria a confiança que a menina tem. Por conta disso, opta por chamar Ana para conversar, fala de verdade como estava se sentindo com essa situação e juntas pensam nas mudanças que podem ser feitas. O que vocês acham dessa situação?"

Perguntas para estimular a discussão
- "Vocês acham que a mãe faz bem em respeitar o espaço da filha?"
- "Vocês acham que a mãe faz bem em conversar com a filha?"
- "Como vocês acham que a menina se sentiu com a atitude da mãe?"
- "Se a mãe tivesse invadido as mídias da garota, como vocês acham que ela teria se sentido?"
- "O comportamento da mãe aproxima ou distancia a filha?"
- "O que essa postura da mãe está ensinando para a garota?"
- "A mãe poderia agir de outro modo?"

Alternativas para a situação
Slide 11.16.

A preocupação da mãe é válida, dado o uso abusivo que as crianças estão tendo com aparelhos tecnológicos[20]. Para tanto, percebemos que o diálogo foi uma alternativa viável em decorrência da importância de esclarecer algumas preocupações. Somadas à postura já tomada, outras possibilidades podem ser consideradas, como a delimitação de horários para o uso das telas e a solicitação de acompanhar o que está sendo consumido pela criança.

Os pais podem se sentar ao lado dos filhos e observar o que estão assistindo, perguntar sobre os jogos e vídeos que estão sendo consumidos. Além desses pontos, a inclusão de novas atividades também pode ser uma possibilidade para diminuir o período nas telas.

Efeitos de uma relação adequada

Slide 11.17.

"Pensando em tudo que conversamos até aqui, quais são os efeitos produzidos por uma relação adequada?"

Perguntas para estimular a discussão
- "Há maior aproximação ou afastamento das crianças com os pais?"
- "De que modo os filhos se sentem?"
- "De que maneira os pais se sentem?"
- "Há aumento ou diminuição de conflitos?"
- "Os filhos passam a confiar nos pais? Os pais passam a confiar nos filhos?"

A construção de uma relação apropriada permite que os filhos confiem mais nos pais, permitindo que discutam diferentes assuntos de maneira espontânea. A interação é vivenciada com mais prazer para ambos os lados, uma vez que os conflitos diminuem e o diálogo passa a ser o ponto central do vínculo[27].

A rotina e seus produtos

Slide 11.18.

"Em quase todas as situações que discutimos, apontamos para a necessidade da criança também participar do que acontece no dia a dia dela, implicando o estabelecimento de acordos e até mesmo da rotina. Vamos finalizar nosso encontro conversando sobre a importância da rotina, mas antes gostaria de saber de vocês por que devemos organizar e planejar nosso dia".

Perguntas para estimular a discussão
- "O planejamento auxilia a sabermos o que devemos fazer?"
- "Como uma pessoa com uma rotina estabelecida costuma passar o dia?"

- "Como uma pessoa sem uma rotina estabelecida costuma passar o dia?"
- "A falta de rotina pode ser um fator de estresse?"
- "Com uma rotina organizada, desenvolvemos um cérebro flexível ou rígido?"

O estabelecimento de uma rotina auxilia no desenvolvimento das crianças, uma vez que essas passam a compreender os limites das suas ações e as regras que permeiam o contato com o mundo.

A organização de horários permite previsibilidade, uma vez que todos sabem o que deve ser feito, principalmente para as crianças, que precisam entender o que os pais esperam delas, propiciando maior senso de responsabilidade[41].

Convite para atividade sobre o estabelecimento de rotinas

Slide 11.19.

"Como forma de finalizamos o grupo, vou entregar uma folha [*slide* 11.20] para cada um de vocês e, juntos, vamos organizar a rotina diária dos seus filhos. Quero que pensem em como está o dia a dia deles nesse momento".

Perguntas para estimular a discussão

- "Atualmente, como está estruturado o dia a dia do seu filho?"
- "Vocês já tentaram organizar o dia a dia em uma rotina? Se sim, como foi?"
- "O seu filho tem atividades fixas? Quais?"
- "O seu filho tem atividades variáveis?"
- "Você e seu filho terminam o dia com a sensação de que o dia foi bem aproveitado?"

"Pensando no que acabamos de discutir, vamos estruturar uma rotina no papel que entreguei para vocês".

Perguntas para contribuir com a atividade

- "Vocês se organizam melhor no papel ou em espaços *online*?"
- "Quais são as atividades fixas do seu filho? Vamos colocá-las nos quadrados certos".

- "Quais são as atividades variáveis?"
- "Colocamos primeiro as atividades demandantes e depois as prazerosas ou o contrário?"
- "Quais serão os momentos de lazer? E o que será feito nesse intervalo?"
- "Onde você deixará visível essa rotina na sua casa?"

SESSÃO 12 – A IMPORTÂNCIA DE UMA VIDA COM VALORES

Objetivo
Identificar, em conjunto com os participantes do grupo, a necessidade de se ter uma vida com valores.

Temáticas abordadas
A consolidação de valores e sua importância na interação com o ambiente, viabilizando a construção de um repertório autônomo e independente.

Material
Slides da Sessão 12 com a conceituação de algumas terminologias e apresentação de situações problemáticas como meio de estruturar alternativas comportamentais.

Introdução sobre a temática

Slide 12.1.
"Hoje é o último encontro do grupo. Vamos discutir questões associadas aos valores que construímos ao longo do tempo e de que forma eles influenciam nossa interação com a vida cotidiana. Antes de continuarmos, gostaria de saber o que vocês entendem por valores".

Perguntas para contribuir com a atividade
- "O que são valores?"
- "Como descobrimos os valores que realmente importam?"
- "A família auxilia nesse processo de consolidar valores?"
- "Quais outros lugares influenciam na consolidação dos valores?"
- "Existe valores que influenciam negativamente no dia a dia?"
- "Quais são as características que vocês valorizam?"
- "Como vocês tentam passar seus valores para seus filhos?"

Designação de valores

Slide 12.2.

"Pensando no que discutimos, os valores são os princípios que conduzem o nosso dia a dia. Os valores não podem ser confundidos com metas, uma vez que estas são possíveis de serem alcançadas, já os valores permeiam toda a nossa forma de interagir com os demais. Pensem comigo, ter um bom trabalho é uma meta, uma vez que você consegue atingi-lo, no entanto, ser uma pessoa empática envolve um processo que é requisitado diariamente e que pode ser aprimorado dia após dia[55]".

"Os valores também permeiam a nossa interação com outras pessoas e, por esse motivo, às vezes, podemos entrar em conflito com os demais uma vez que cada um pode valorizar características e modos de viver diferentes[55]. Uma pessoa que valoriza a capacidade empática agirá de outra maneira se comparado com uma pessoa que apresenta padrão autocentrado. O que vocês valorizam em vocês?"

Perguntas para contribuir com a atividade

- "Quais características são valorizadas em vocês?"
- "Quais valores as pessoas tendem a reconhecer em vocês?"
- "Quais lugares influenciaram a construção dos seus valores?"
- "Os seus valores te aproximam ou te afastam do seu filho?"

Os valores nas interações sociais

Slide 12.3.

"Os valores, como já conversamos, direcionam nosso modo de agir nas interações que estabelecemos, uma vez que apresentamos atitudes alinhadas com dinâmicas que valorizamos. São esses princípios que demonstram o que realmente importa, para que assim nos encaminhemos para uma vida que realmente faça sentido[55]".

"Os valores não são apenas aspectos relacionados a nós, uma vez que eles aparecem na interação diária com outras pessoas. São elementos que possibilitam que entendamos as necessidades dos outros, a fim de nos sensibilizarmos com as demandas apresentadas. Como podemos perceber o que a outra pessoa precisa?"

Perguntas para contribuir com a atividade

- "Por quais sinais conseguimos perceber que uma pessoa está brava?"
- "Por quais sinais conseguimos perceber que uma pessoa está triste?"
- "Por quais sinais conseguimos perceber que uma pessoa está feliz?"
- "Se uma pessoa não quer nos contar porque está sentindo algo, devemos obrigá-la a falar?"
- "De que modo podemos acolher uma pessoa quanto aos seus sentimentos?"

A capacidade empática

Slide 12.4.

"A capacidade empática se refere à possibilidade de enxergar as necessidades dos outros por meio dos olhos da pessoa que está vivenciando a condição. O funcionamento referido solicita que, momentaneamente, esqueçamos nossos valores, uma vez que o outro pode valorizar aspectos diferentes dos nossos[56]".

"Quando falamos de empatia nos referimos à oportunidade de nos conectarmos com os outros, vivenciando, em conjunto, os sentimentos que estão sendo produzidos diante das variadas condições cotidianas".

Convite para atividade de análise de situações

Slide 12.5.

"Agora quero convidá-los para analisar, em conjunto, algumas situações. Vamos pensar nas alternativas que poderiam ser seguidas para solucionar o que está sendo apresentado".

Apresentação da História 1

Slides 12.6 e 12.7.

"Ana e Maria são primas, elas gostam de estarem juntas, mas nenhuma das duas gosta de dividir os brinquedos. Isso geralmente dá o maior problemão, os pais das duas precisam sempre entrar no meio das confusões e obrigam que elas compartilhem as coisas. O que vocês acham dessa situação?"

Perguntas para contribuir com a atividade
- "Vocês acham que a postura dos pais foi adequada?"
- "O que vocês acham dos pais intervirem nas situações de conflito dos filhos?"
- "Os pais sempre devem interferir em situações problemáticas?"
- "Em quais situações é necessário que ocorra a intervenção dos pais?"
- "Como vocês acham que as garotas se sentiram durante o conflito?"
- "Como vocês acham que as garotas se sentiram após a intervenção dos pais?"
- "Os pais poderiam ter apresentado outros comportamentos para solucionar o problema?"

Alternativas para a situação
Slide 12.8.

Situações conflituosas como a que foi apresentada são vivenciadas com extremo desconforto pelos pais, por isso atitudes extremas podem ser tomadas como modo de encerrar imediatamente a problemática. Nossa discussão demonstra alguns efeitos que podem ser produzidos e alternativas que poderiam ser tomadas.

A imposição de terceiros pode ser vivenciada com elevado desconforto para as crianças. Entende-se que a obrigação de compartilhar algo pode produzir comportamentos irritadiços nos filhos, uma vez que a mensagem passada é que as vontades deles não precisam ser consideradas[27].

Apesar de compreendermos o ponto citado anteriormente, também sabemos da importância de ensinar as crianças a partilhar, para tanto, alguns comportamentos poderiam ser apresentados pelos pais, como sentar-se com os filhos e brincar todos juntos. A intervenção referida produz resultados interessantes se as crianças observarem os responsáveis enquanto modelos a serem seguidos.

Outra possibilidade de ensinar as crianças a compartilhar é por meio de comportamentos diários, isto é, na interação cotidiana, os pais podem ser modelos de aprendizagem. Observa-se que os responsáveis podem ensinar esse padrão com atitudes menores, como oferecendo algo que está comendo aos filhos, solicitando que eles partilhem o que estão fazendo ou cedendo algo para terceiros na frente das crianças.

Apresentação da História 2

Slides 12.9 e 12.10.

"Luana é uma adolescente que se irrita facilmente. Nessas situações, ela geralmente acaba explodindo e falando vários palavrões. Só que nessa história toda tem um ponto importante, a menina aprendeu esses xingamentos em casa. Os pais falam livremente entre eles e com a garota. O que vocês acham dessa situação?"

Perguntas para contribuir com a atividade

- "O uso de palavrões é errado em todos os contextos?"
- "Nessa situação, os pais serviram de modelo para a garota?"
- "O uso de palavrões no contexto familiar é adequado?"
- "Como vocês se sentiriam se seus filhos falassem palavrões abertamente?"
- "Quais são as alternativas comportamentais para essa situação?"

Alternativas para a situação

Slide 12.11.

O uso de palavrões não é inadequado em todos os contextos. Pensem no jogo de futebol, a comunicação lá é abreviada por xingamentos. Reparem que não estamos falando que é apropriado utilizá-los de forma indiscriminada, com certeza o almoço de domingo não é um local propício.

A situação apresentada demonstra claramente a influência dos pais sobre o comportamento das crianças[1]. Para que a menina modifique a sua forma de falar, é importante que primeiro haja o modelo familiar, em que os pais passem a diminuir os xingamentos e a utilizar outras palavras que demonstrem o sentimento que está sendo vivenciado.

Deve-se enfatizar que, como a menina e os pais utilizam essas palavras em todos os contextos, os responsáveis podem conversar abertamente com a garota sobre o uso dos xingamentos em contextos específicos, e de que forma esse padrão pode ser mal interpretado pelos outros, acarretando o afastamento dos pares.

Slide 12.10: Apresentação da História 3

Slides 12.12 e 12.13.

"Os pais de Joana estão preocupados com a menina. Eles percebem que a garota está crescendo muito rápido, só que eles evitam conversar com Joana sobre assuntos importantes. Dentro de casa ninguém fala sobre drogas, sexo e relacionamentos, por conta disso, a menina tem buscado informações sobre esses pontos por conta própria. O que vocês acham dessa situação?"

Perguntas para contribuir com a atividade

- "Evitar as temáticas sensíveis interfere no desenvolvimento da criança?"
- "Vocês acham importante os pais discutirem esses assuntos?"
- "Como vocês acham que a menina se sente diante dessa situação?"
- "Se a menina tivesse interesse em discutir essas temáticas e os pais não, como possivelmente a garota se sentiria?"
- "Por que vocês acham que os pais ficam desconfortáveis?"
- "É perigoso a menina buscar informações por conta própria?"
- "Quais são as alternativas comportamentais para essa situação?"

Alternativas para a situação

Slide 12.14.

Entendemos que discutir alguns assuntos pode ser desconfortável para os pais, no entanto, também sabemos que um dos espaços seguros para o diálogo sobre essas temáticas é o ambiente familiar. A postura dos pais da história apresentada pode instigar curiosidade na menina e, em decorrência disso, ela pode buscar informações em locais que podem a instruir de modo equivocado.

Quando os pais viabilizam espaços de discussão, os filhos percebem que a interação é segura e que podem tirar dúvidas sobre as mais diversas temáticas. Os espaços de diálogo estabelecidos contribuem até mesmo no processo de prevenção, isto é, as crianças ao serem informadas podem distanciar-se de condições de risco[57].

Para que os pontos discutidos aconteçam, essas conversas precisam acontecer em momentos oportunos e sem um teor de julgamento, uma vez que a postura combativa pode distanciar os filhos, fomentando a busca de respostas em espaços mais acolhedores.

Síntese sobre ensinar a capacidade empática

Slide 12.15.

"Por fim, ressaltamos que o modelo que os pais concedem aos filhos é um caminho potente para ensiná-los as mais diversas habilidades necessárias para o convívio social[27]. Ao longo dos encontros, discutimos sobre validação emocional e sobre a disponibilidade em receber afeto, finalizamos dizendo que esses dois pilares precisam estar fortificados para que as crianças aprendam sobre a capacidade empática. Por fim, queremos escutar as suas opiniões, como foram os encontros para vocês?"

Perguntas para contribuir com a atividade

- "Vocês perceberam alguma mudança em relação aos seus comportamentos?"
- "Vocês perceberam alguma mudança em relação aos comportamentos dos seus filhos?"
- "Como está, atualmente, a relação com o seu filho?"
- "Qual temática foi mais interessante para vocês?"
- "Teve alguma temática que não foi tão interessante de ser abordada?"
- "Há dúvidas ou sugestões em relação aos grupos?"

REFERÊNCIAS

1. Moraes R, Camino C, Costa JB, Camino L, Cruz L. Socialização parental e valores: Um estudo com adolescentes. Psicologia: Reflexão e Crítica. 2007;20(1):167-77.
2. Cecconello AM, De Antoni C, Koller SH. Práticas educativas, estilos parentais e abuso físico no contexto familiar. Psicologia em Estudo. 2003;8:45-54.
3. Maccoby E, Martin J. Socialization in the context of the family: parent-child interaction. In: Hetherington EM (org.). Handbook of child psychology, v. 4. Socialization, personality, and social development, 4a ed. New York: Wiley; 1983. pp. 1-101.
4. Baumrind D. Effects of authoritative control on child behavior. Child Development. 1966;37:887-907.
5. Falcke D, Rosa LW, Steigleder VAT. Estilos parentais em famílias com filhos em idade escolar. Gerais: Revista Interinstitucional de Psicologia. 2012;5(2):282-93.
6. Weber LND, Prado PM, Viezzer AP, Brandenburg OJ. Identificação de estilos parentais: o ponto de vista dos pais e dos filhos [parentam style: perceptions of children and their parents]. psicologia: reflexão e crítica. 2004;17(3):323-31.
7. Horn ÂM, Silva KA, Patias ND. Estilos e práticas educativas parentais e desempenho escolar em adolescentes de ensino médio. Estudos e Pesquisas em Psicologia. 2020;20(1):168-86.
8. Alvarenga PA, Weber LND, Bolsoni-Siflva AT. Cuidados parentais e desenvolvimento socioemocional na infância e na adolescência: uma perspectiva analítico-comportamental. Rev Bras Ter Comp Cogn. 2016;18(1):4-21.
9. Weber LND, Brandenburg OJ, Viezzer AP. A relação entre o estilo parental e o otimismo da criança. Psico-USF. 2003;8(1):71-9.
10. Gomide PIC. Pais presentes, pais ausentes. Petrópolis: Vozes; 2004.
11. Gomide PIC. Inventário de estilos parentais: modelo teórico, manual de aplicação, apuração e interpretação. Petrópolis: Vozes; 2006.
12. De Sousa AP. A importância da parceria entre família e escola no desenvolvimento educacional. Rev Iberoamericana Educ. 2008;44(7):1-8.
13. Palermo FR, Magalhães AS, Féres-Carneiro T, Machado RN. Ambiente conjugal: repercussões na parentalidade. Cadernos de psicanálise (Rio de Janeiro). 2016;38(34):129-48.
14. Bem LA, Wagner A. Reflexões sobre a construção da parentalidade e o uso de estratégias educativas em famílias de baixo nível socioeconômico. Psicol Estudo. 2006;11(1):63-71.
15. Böing E, Crepaldi MA. Relação pais e filhos: compreendendo o interjogo das relações parentais e coparentais. Educar em Revista. 2016;(59):17-33.
16. Gomes MS. Ideais culturais acerca da maternidade e seus possíveis impactos subjetivos na mulher. Rev Front Psicol. 2022;4(2):60-76.

17. Brasil. Ministério da Saúde. Secretaria de Atenção à Saúde. Departamento de Atenção Básica Saúde da criança: crescimento e desenvolvimento. Cad Atenção Básica. 2012;33(272).
18. Cia F, Williams LCA, Aiello ALR. Influências paternas no desenvolvimento infantil: revisão da literatura. Psicologia Escolar e Educacional. 2005;9(2):225-33.
19. Mainardi SM, Okamoto MY. Desenvolvimento das crianças: um olhar sobre o papel da família e o papel da escola na perspectiva dos pais. Psicologia em Revista. 2017;23(3):822-39.
20. Small GW, Lee J, Kaufman A, Jalil J, Siddarth P, Gaddipati H, et al. Brain health consequences of digital technology use. Dial Clin Neuroscience. 2020;22(2):179-87.
21. Rodrigues de la Iglesia Y. Parentalidade e desenvolvimento infantil em tempos de pandemia: parenting and child development in times of pandemic. Filosofia e Educação. 2021;12(3).
22. Sholl-Franco A. Bases morfofuncionais do sistema nervoso. In: Santos FH, Andrade VM, Bueno OFA (org.). Neuropsicologia hoje. Porto Alegre: Artmed; 2015. pp. 25-48.
23. Kandel ER, Schwartz JH, Jessell TM, Siegelbaum SA, Hudspeth AJ. Princípios básicos da neurociência, 5.ed. (Rodrigues ALS, et al., trad.). Porto Alegre: AMGH; 2014.
24. Oliveira APA, Nascimento E. Construção de uma escala para avaliação do planejamento cognitivo. Psicologia: Reflexão e Crítica. 2014;27(2):209-18.
25. Diamond A. Executive functions. Ann Rev Psychol. 2013;64:135-68.
26. Ximendes E. As bases neurocientíficas da criatividade [Dissertação de mestrado]. Universidade de Lisboa; 2010.
27. Siegel DJ, Bryson TP. O cérebro que diz sim: como criar filhos corajosos, curiosos e resilientes, 2a ed. (Rocha E, Trad.). São Paulo: Planeta do Brasil; 2019.
28. Del Prette ZAP, Del Prette A. Psicologia das habilidades sociais na infância: teoria e prática (6.ed.). Petrópolis: Vozes; 2018.
29. Azevedo MC, Gotardo LC, Santos CB, Napolitano MA. O cuidado na infância, família e negligência afetiva: reflexões sobre um desenvolvimento satisfatório. Ambiente Acadêmico. 2019;5(2):45-63.
30. Madalena M, Falcke D. Maus-tratos na infância e o rompimento do ciclo intergeracional da violência. In: Teodoro MLM, Baptista MN. (Orgs.). Psicologia de família: teoria, avaliação e intervenção (2.ed.). Porto Alegre: Artmed; 2020.
31. Sagim MB. Violência doméstica observada e vivenciada por crianças e adolescentes no ambiente familiar [Tese de doutorado]. Universidade de São Paulo; 2008.
32. Abranches CD, Assis SG. A (in)visibilidade da violência psicológica na infância e adolescência no contexto familiar. Cad Saúde Púb. 2011;27(5):843-54.
33. Oliveira MCCG, Ferreira DF, Castro KM, Silva GB. Abuso sexual infantil. Monumenta – Rev Cient Multidiscip. 2020;1(1):35-44.
34. Cezar AT, Jucá-Vasconcelos HP. Diferenciando sensações, sentimentos e emoções: uma articulação com a abordagem gestáltica. IGT na Rede. 2016;13(24):4-14.
35. Britto IAGS, Elias PVO. Análise comportamental das emoções. Psicologia para América Latina. 2009;16.
36. Simonassi LE, Tourinho EZ, Silva AV. Comportamento privado: acessibilidade e relação com comportamento público. Psicologia: Reflexão e Crítica. 2001;14(1):133-42.
37. Mayer PCM, Gongora MAN. Duas formulações comportamentais de punição: definição, explicação e algumas implicações. Acta Comportamentalia. 2011;19(4):47-63.

38. Sei MB, Souza CGP, Arruda SLS. O sintoma da criança e a dinâmica familiar: orientação de pais na psicoterapia infantil. Vínculo. 2008;5(2):194-207.
39. Beck JS. Terapia cognitivo-comportamental: teoria e prática, 2.ed. (Rosa SM, trad.). Porto Alegre: Artmed; 2014.
40. Martins TEM, Carvalho Neto MB, Mayer PCM. B. F. Skinner e o uso do controle aversivo: um estudo conceitual. Rev Bras Terapia Comportamental e Cognitiva. 2013;15(2):5-17.
41. Spradlin JE. Rotinas: implicações para a vida e para o ensino. Temas em Psicologia. 1999;7(3):223-34.
42. Bolsoni-Silva AT, Marturano EM. Práticas educativas e problemas de comportamento: uma análise à luz das habilidades sociais. Estudos de Psicologia (Natal). 2002;7(2):227-35.
43. Stengel M. O exercício da autoridade em famílias com filhos adolescentes. Psicologia em Revista. 2011;17(3):502-21.
44. Teixeira JN, Alvarenga P. Relações entre controle psicológico e comportamental materno e ansiedade infantil. Arq Bras Psicol. 2016;68(3)145-60.
45. Henriques CR, Féres-Carneiro T, Ramos E. Ajustes entre pais e filhos adultos coabitantes: limite e transgressão. Psicologia em Estudo. 2011;16(4):531-9.
46. Cia F, Pereira CS, Del Prette ZAP, Del Prette A. Habilidades sociais parentais e o relacionamento entre pais e filho. Psicologia em Estudo. 2006;11(1):73-81.
47. Gomide PIC, Salvo CG, Pinheiro DPN, Sabbag G. Correlação entre práticas educativas, depressão, estresse e habilidades sociais. PsicoUSF. 2005;10(2):169-78.
48. Salvo CGD, Silvares EFM, Toni PM. Práticas educativas como forma de predição de problemas de comportamento e competência social. Estudos de Psicologia (Campinas). 2005;22(2):187-95.
49. Maial FA, Soares AB. Diferenças nas práticas parentais de pais e mães e a percepção dos filhos adolescentes. Estudos Interdiscipl Psicol. 2019;10(1):59-8
50. Vargas EA. O Comportamento Verbal de B. F. Skinner: uma introdução. Rev Bras Ter Comport Cogn. 2007;9(2):153-74.
51. Marchezini-Cunha V, Tourinho EZ. Assertividade e autocontrole: interpretação analítico-comportamental. Psicologia: Teoria e Pesquisa. 2010;26(2):295-304.
52. Magalhães MO, Alvarenga P, Teixeira MAP. Relação entre estilos parentais, instabilidade de metas e indecisão vocacional em adolescentes. Rev Bras Orientação Profissional. 2012;13(1):15-25.
53. Ferreira AV, Montanher ARP, Mariano FN, Duarte GL, Felipe SSR. Tempo de convivência entre pais e filhos: reflexões sobre a parentalidade residencial compartilhada. Pensando Famílias. 2018;22(2):88-104.
54. Linhares MBM, Martins CBS. O processo da autorregulação no desenvolvimento de crianças. Estudos de Psicologia (Campinas). 2015;32(2):281-93.
55. Zilio D. Algumas considerações sobre a terapia de aceitação e compromisso (ACT) e o problema dos valores. Perspectivas em Análise do Comportamento. 2011;2(2):159-65.
56. Sampaio LR, Camino CPS, Roazzi A. Revisão de aspectos conceituais, teóricos e metodológicos da empatia. Psicologia: Ciência e Profissão. 2009;29(2):212-27.
57. Nery IS, Feitosa JJM, Sousa ÁFL, Fernandes ACN. Abordagem da sexualidade no diálogo entre pais e adolescentes. Acta Paulista de Enfermagem. 2015;28(3)287-92.

ÍNDICE REMISSIVO

A

Abuso físico 4
Acolhimento 94
   emocional 39
Acordos com o filho 58
Adaptação emocional 3
Afastamento 111
Agressão verbal 36
Ambiente 6
   social 8
Análise dos
   comportamentos 49
Aparelhos tecnológicos 102
Árvore 9
Atividades
   de análise de situações
      109
   de autocuidado 64
   sobre os níveis de respon-
      sividade e exigências
      11
   variáveis 104
Autoestima 1, 11
Autoritário 1
Autoritarismo 62, 66
Autoritativo 1

C

Capacidade empática 109
Castigo 31, 94
Cérebro 23
   flexível 27
   reativo 26
Cobranças 7
Combinados 54
Comportamento 54
   moral 3

da criança 49
Comunicação
   agressiva 81
   assertiva 82
   passiva 81
Conflitos 34
Consolidar novos
   comportamentos 27
Contato emocional 94
Controle e disciplina 61
Cuidados
   com os filhos 8
   com teor físico 17
   de cunho emocional 19
   de teor social 21
   necessários para o desen-
      volvimento infantil
      13

D

Delimitação dos acordos
   61
Desenvolvimento
   emocional 40
   infantil 13, 15
Designação de valores 108
Dinâmica emocional 1, 39
Disciplina 60
   constituintes 63
   equilibrada 63
   no cotidiano 59
   relaxada 3, 62, 65
Discutir com outras
   pessoas na frente dos
   filhos 92
Disponíveis o tempo todo
   para as crianças 99

E

Educação sexual 37
Elementos que influenciam
   na parentalidade 8
Emoção e sentimento
   distinção 40
Encerramento dos grupos
   97
Escuta emocional 42
Espaço individual 69
Estabelecimento de uma
   rotina 104
Estímulos ambientais
   que controlam os
   comportamentos 49
Exigências 10, 11

F

Fatores que se
   interseccionam com a
   parentalidade 14
Funcionamento do cérebro
   23
Funções do cérebro 23

G

Ginecologista 73

I

Imposição de terceiros 110
Independência 61
Indulgente 2
Interação
   com o ambiente 7, 59
   parental 1
Internet 71
Invadir seu espaço 15

L

Lição de moral 46
Limites que os pais
 pensaram 60
Linguagem verbal 80
Lobo
 frontal 25
 occipital 24
 parietal 24
 temporal 24

M

Manipulação emocional 34
Memória operacional 25
Modelo
 de parentalidade 7
 familiar 9, 111
 permissivo 2
Momentos em família 28
Monitoramento 70
 efeitos 76
 negativo 69
Monitoria
 excessiva 77
 negativa 3
 positiva 3

N

Negligência 3, 39
 emocional 32, 40
Negligente 2
Negociação 74, 98

Níveis

de exigência 7
de responsividade e
 exigências 1

O

Operacionalização
 de controle 61
 de disciplina 60
Organização de horários
 104
Orientação sexual 73

P

Padrão controlador 61, 76
Pais autoritários 62
Palavrões 111
Parentalidade 1, 8
Práticas educativas 3
Previsibilidade 54
Proibição sem qualquer
 explicação 55
Punição 58
 inconsistente 3

Q

Qualidade da interação
 com os filhos 14

R

Raiva 43
Regras 61

Regulação emocional 99

Responsividade 11
 emocional 7
Rotina 64
 diária 104
 e seus produtos 103

S

Sensibilidade emocional 88
Sistema nervoso 23
Situações violentas 38
Superproteção 29
Supervisão 77

T

Tecnologia 21
Termômetro das exigências
 66
 controle e disciplina 62
Teste de gravidez 72
Tomada de decisão 26

V

Validação 92
Valores 108
 nas interações sociais 108
Variabilidade
 comportamental 54
Violência 38
 psicológica 36
 sexual 37
Vivências emocionais 45

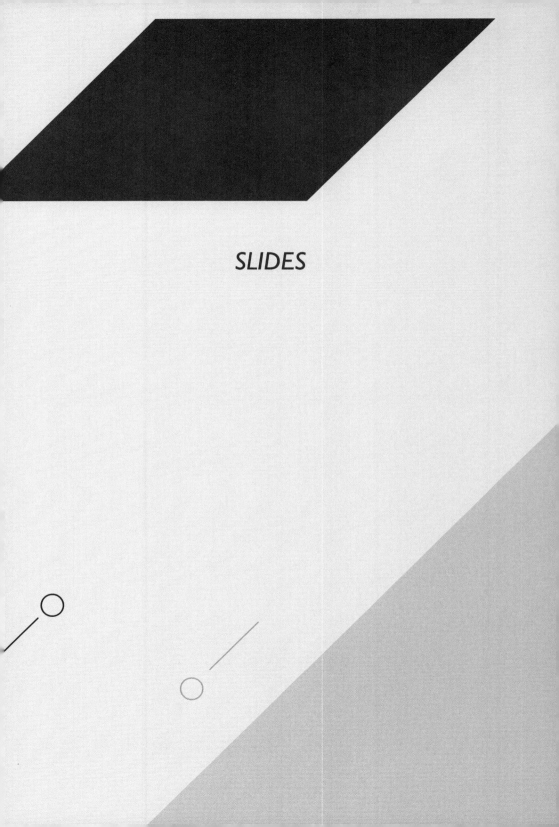

SLIDES

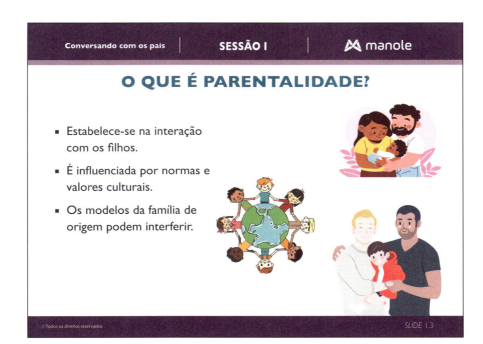

ATIVIDADE I

- Apresentar o grupo aos pais, explicando o propósito da intervenção e salientando a importância da participação de todos no andamento do grupo.

- Questionar como os participantes do grupo percebem a parentalidade deles, isto é, como é ser mãe/pai para eles.

- Em seguida, dizer que os modelos adquiridos ao longo do tempo interferem diretamente no modo como eles interagem com os filhos.

- A fim de materializar a conversa, entregar uma árvore para cada participante, alguns papéis coloridos cortados e alguns pregadores. Solicitar que os pais façam a árvore genealógica deles.

- Questionar como era a interação com os pais, os comportamentos característicos, como que eles percebiam os genitores.

- Por fim, questionar de que modo esses modelos atuam sobre a interação com os filhos hoje.

Conversando com os pais | **SESSÃO I** | **manole**

PERGUNTAS PARA INVESTIGAR O MODELO FAMILIAR

- Seus pais trabalhavam?
- Como era a rotina dos seus pais?
- Vocês costumavam fazer coisas em conjunto?
- Quais eram as atividades de lazer de vocês?
- Conte-nos uma boa lembrança que tem com seus pais.
- Conte-nos uma história que envolve dificuldades com seus pais.
- Eles eram bravos? E rígidos?
- Quais foram as principais lições que eles te passaram?
- Como eles reagiam quando você fazia algo bacana? E quando você aprontava?

© Todos os direitos reservados | *SLIDE* 1.7

Conversando com os pais | **SESSÃO I** | **manole**

I.
EXIGÊNCIAS

Qual a importância das exigências?

© Todos os direitos reservados | *SLIDE* 1.8

O QUE SÃO EXIGÊNCIAS?

- Comportamentos que os pais esperam que os filhos apresentem.
- Os pais enquanto agentes que socializam.
- Supervisão e monitoramento são os pilares.

2. RESPONSIVIDADE

O que é e qual a importância?

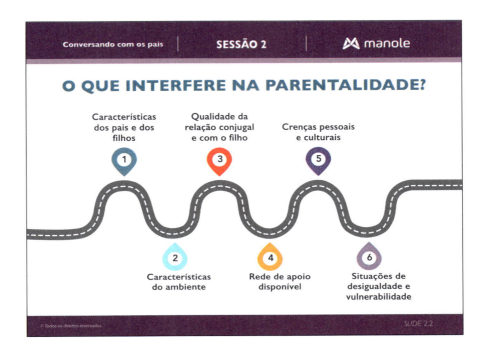
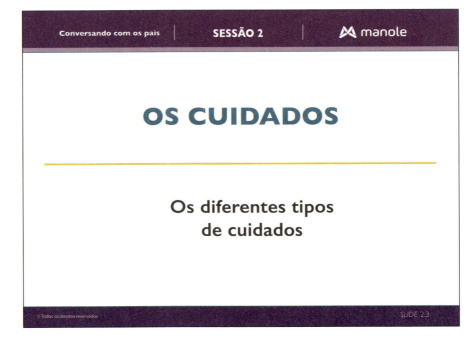

CUIDADO FÍSICO

História 1

Aninha acordou atrasada para ir à escola e, por conta da correria, acabou não comendo antes de sair de casa. Para piorar a situação, a mãe de Aninha não colocou o lanche dela na mochila, por conta disso a menina passou o dia todo sem se alimentar.

O que vocês acham da situação? A mãe de Aninha teve cuidado com ela?

CUIDADO FÍSICO

História 2

O dia amanheceu muito frio, daqueles de congelar a ponta do nariz, e justamente na hora de sair com os pais, Mateus não queria vestir uma roupa quentinha. O menino fez o maior auê para não vestir o agasalho, porém os pais estavam certos de que se Mateus saísse do jeito que gostaria, voltaria gripado para casa.

Depois de muita insistência, o menino aceitou colocar a roupa. Nesta situação, o que vocês acham da postura dos pais do garoto? Os pais tiveram cuidado com o menino?

CUIDADOS DO NÍVEL FÍSICO

- Garantia do cuidado básico (alimentação, higiene, sono e lazer).
- Prevenção de acidentes e/ou doenças.

CUIDADOS EMOCIONAIS

Conversando com os pais | **SESSÃO 2** | **manole**

CUIDADO EMOCIONAL

História 3

Gustavo chegou em casa chateado por não ter ido bem em uma prova na escola. Como forma de tentar lidar com essa situação, o menino resolveu contar aos pais sobre a nota baixa e, por conta disso, os pais ficaram muito irritados e começaram a brigar com o menino.

Agora, quero saber o que vocês acham dessa situação. O que vocês acham da postura dos pais de Gustavo?

SLIDE 2.10

Conversando com os pais | **SESSÃO 2** | **manole**

CUIDADOS EMOCIONAIS

SLIDE 2.11

CUIDADO EMOCIONAL

História 4

Os pais de Manuela sempre discutem na frente da menina. Nesses momentos, eles acabam falando coisas terríveis, Manuela fica muito triste com a situação, porque sempre acha que é a responsável por essas brigas.

O que vocês acham dos pais da menina?

CUIDADOS DO NÍVEL EMOCIONAL

- Ações que garantam a dignidade e humanidade da criança ou do adolescente.
- Atitudes que promovam interação com ambiente seguro.

CUIDADO SOCIAL

História 5

Hoje foi o primeiro dia de aula da Alice. No começo ela estava com medo, por ser um lugar totalmente diferente. Os pais de Alice aproveitaram essa situação para conversar com ela e acolheram todos esses medos. No final do dia, a menina estava contente por ter enfrentado os receios e contou tudo que fez na escola.

Quero saber o que vocês acham dessa situação.

CUIDADOS SOCIAIS

CUIDADO SOCIAL

História 6

Jonas é um garoto que sempre está conectado nas telinhas, seja no celular, computador ou na televisão. A mãe de Jonas sempre fica brava com o menino, ela fala e fala com ele, mas o garoto nem escuta. Hoje foi um desses dias, ela o levou para passear, mas ele não queria saber de outra coisa que não fosse o joguinho do celular.

Como vocês avaliam essa situação?

CUIDADOS DO NÍVEL SOCIAL

- Atitudes que promovem a integração social.
- Acesso a diferentes ambientes e grupos.

E como estão **seus** cuidados com seu(a) filho(a)?

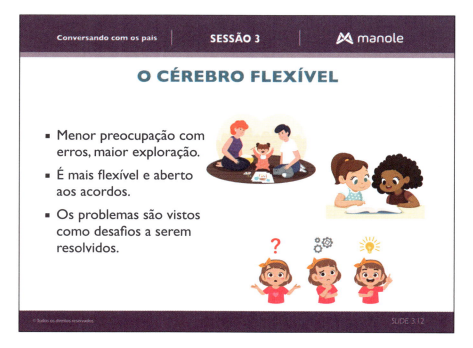

O QUE MOLDA O CÉREBRO?

O desenvolvimento do cérebro da criança

O QUE MOLDA O CÉREBRO?

Conversando com os pais | **SESSÃO 3** | manole

História I

Quando os pais da Maria a levam para fazer um piquenique no parque, eles estão ajudando no desenvolvimento da menina?

Se o piquenique for no quintal de casa, ainda estão ajudando no processo?

© Todos os direitos reservados

SLIDE 3.15

Conversando com os pais | **SESSÃO 3** | manole

O QUE MOLDA O CÉREBRO?

© Todos os direitos reservados

SLIDE 3.16

Conversando com os pais | **SESSÃO 3** | **manole**

História 2

Pedro e Laura estão no sítio e queriam muito brincar pelo lugar, mas seus pais têm muito medo de que eles se machuquem.

De que modo isso está influenciando o desenvolvimento das crianças?

SLIDE 3.17

Conversando com os pais | **SESSÃO 3** | **manole**

O QUE MOLDA O CÉREBRO?

SLIDE 3.18

História 3

Era para ser a noite de jogos da família, mas o pai teve que responder aos problemas do trabalho, a mãe está respondendo mensagens do grupo da família e as crianças estão jogando.

De que forma isso ajuda no desenvolvimento das crianças?

O QUE MOLDA O CÉREBRO?

História 4

Os pais de Felipe e Luana deixaram as crianças brincarem com alguns primos. Nesse dia, eles fizeram de tudo, correram na rua, brincaram de escolinha e tudo mais.

De que forma isso ajuda no desenvolvimento das crianças?

Então... O que molda o cérebro da criança ou do adolescente?

São as EXPERIÊNCIAS!

NEGLIGÊNCIA EMOCIONAL

História 1

Sandra e Paulo estavam há um bom tempo em conflito, isso estava impactando Pedro, filho do casal. Até que um dia Paulo resolveu sair de casa, Pedro chorou, esperneou pedindo que o pai ficasse, porém o homem não o escutou, foi embora e nunca mais voltou. Pedro desde então sofre muito com a ausência do pai, o garoto já tentou contato por todos os lugares, mas o homem não o responde.

O que vocês acham da postura de Paulo?

MANIPULAÇÃO EMOCIONAL

História 2

Maria e João estão separados desde os 4 anos de idade de Bruno. O menino fica com os pais de modo alternativo, sendo algumas semanas com um e algumas com o outro, e toda vez o menino sai da casa dos pais confuso, porque geralmente os pais falam sobre o que poderia ser feito se o garoto ficasse definitivamente na casa de um deles.

O pai fala que a mãe não sabe lidar com o menino, e que se caso ficasse com ele, eles sempre sairiam e fariam coisas muito legais. Já a mãe fala que se ele a escolhesse, poderia montar o quarto dos sonhos do menino e daria vários presentes legais.

Nessa situação, como vocês acham que Bruno se sente? E o que vocês acham dos pais?

VAMOS CONVERSAR SOBRE ESSA SITUAÇÃO:

TESTEMUNHO DE VIOLÊNCIA

TESTEMUNHO DE VIOLÊNCIA

História 3

Os pais de Joana sempre discutem na frente dela, as brigas geralmente são feias, eles não se importam de se xingar e falar palavrões, mas a grande verdade é que Joana fica muito chateada. A menina sempre se esconde na sala, chora e pensa que é a grande culpada dessas discussões.

E agora, o que vocês acham dos pais de Joana? Como vocês acham que a menina se sentiu nessa situação?

AGRESSÃO VERBAL

História 4

O pai de Sofia descobriu que ela estava ficando com um menino da escola, o homem ficou com muita raiva e foi brigar com a menina. Ele só não esperava que Sofia fosse falar que realmente estava gostando do menino, o pai começou a gritar e xingá-la de várias formas. A menina não conseguia acreditar em tudo que estava ouvindo da boca do pai, ficou tão triste que começou a chorar na frente dele. Mas de nada adiantou, os insultos e palavrões continuaram e o pai realmente proibiu esse relacionamento.

E agora, o que vocês acham do pai de Sofia? Como vocês acham que a menina se sentiu nessa situação?

AGRESSÃO FÍSICA

História 5

Maria é a mãe de João. Em um desses dias, o menino arrumou uma confusão gigante na escola, ele resolveu entrar em uma briga com um colega de turma. A mãe de João foi chamada na escola para tentar resolver o problema e, quando chegou em casa, a conversa com o menino foi outra, naquele dia João apanhou muito, porque foi o jeito que Maria achou para resolver a situação. Só que infelizmente isso era muito comum na relação com o menino, tudo lá se resolvia no tapa.

E agora, o que vocês acham da Maria? Como vocês acham que o menino se sentiu nessa situação?

VIOLÊNCIA SEXUAL

História 6

Fernanda é uma criança que ainda não entende muito bem dos perigos da vida. Em dias quentes a menina não gosta de ficar com muitas roupas, por conta disso fica andando pela casa somente de calcinha. A mãe de Fernanda percebeu que o marido tem direcionado olhares e comentários estranhos para a garota.

O que vocês acham dessa situação?

EFEITOS DA VIOLÊNCIA

- Problemas comportamentais, físicos e mentais.
- Desenvolvimento emocional desregulado.
- Vulnerabilidade: ser vítima de violência em relacionamentos.

Agora, fale um pouco sobre o que você escreveu

Vamos conversar sobre
DINÂMICA EMOCIONAL?

DESENVOLVIMENTO EMOCIONAL

- As emoções são temporárias e dependem das situações.
- A diferença entre o "sou" e "estou".
- Uma única situação pode gerar vários sentimentos.

NEGLIGÊNCIA EMOCIONAL

- Desinteresse no cuidado afetivo com o outro.
- Dificuldade de acolher as necessidades emocionais.

VAMOS CONVERSAR SOBRE ESSA SITUAÇÃO:

História 1

Pedro escorregou e acabou se machucando. Agora o menino está chorando, porque está com muita dor. Os pais do garoto acabaram ficando irritados com essa situação e brigaram com o menino, falando que ele deveria prestar mais atenção.

Como os pais do garoto poderiam ajudá-lo a nomear o que está sentindo?

História 2

Mariana foi excluída do grupo durante o recreio. A menina chegou chateada em casa e explicou o que aconteceu na escola, mas a mãe estava um pouco ocupada e não deu tanta atenção para o que estava sendo dito.

Como a mãe de Mariana poderia ajudá-la a perceber o que está sentindo?

História 3

Helena acabou quebrando o seu brinquedo favorito, a garota está extremamente triste e chorosa com isso. Quando tentou conversar com os pais, eles estavam mexendo no celular e não deram tanta atenção para ela. Como forma de obter a ajuda deles, a garota acabou chorando ainda mais, o que foi o suficiente para receber algumas palmadas do pai.

Como os pais dela poderiam ajudá-la a entender o que está sentindo?

História 4

Maria e Luana são amigas e acabaram brigando porque cada uma queria brincar de uma coisa diferente. Ao chegar em suas devidas casas, contaram o que aconteceu entre elas e como isso as deixou chateadas. Entretanto, os pais das meninas acabaram dando uma lição de moral em cada uma, o que as deixou com raiva.

Como os pais das garotas poderiam ajudá-las a perceberem o que estão sentindo?

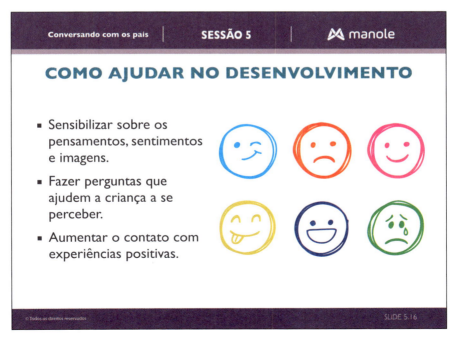

VAMOS CONVERSAR SOBRE ESSA SITUAÇÃO:

História 1

A mãe chega em casa após um dia de trabalho. Ela está cansada, uma vez que o dia foi corrido. O filho corre para encontrá-la na porta e a chama para brincar. A mãe briga com o menino, falando que está cansada e que dentro da casa nunca pode descansar. A criança sai chateada com a mãe.

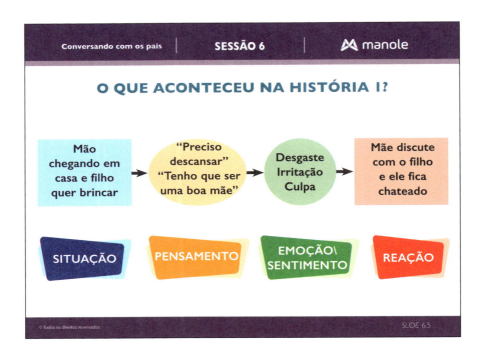

História 2

A criança chega em casa falando que tirou uma nota ruim na prova. Quando começa a explicar o motivo que gerou aquela nota, o pai, que tinha acabado de sair de uma reunião do trabalho, começa a gritar com o filho, falando que sempre são as mesmas desculpas, que desse jeito a criança não vai ser ninguém na vida e que está envergonhado de ter um filho assim.

O QUE ACONTECEU NA HISTÓRIA 2?

História 3

No supermercado, o filho resolve que quer várias coisas diferentes, a mãe fala que não, que deve escolher apenas um produto. A criança começa a fazer a birra de sempre, grita, chora e esperneia.

A mãe, em um primeiro momento, fica envergonhada, briga com o menino, ameaça o castigar quando chegar em casa, mas nada acalma o menino. Para solucionar o problema, a mãe resolve dar tudo o que o menino quer, e ele para de chorar.

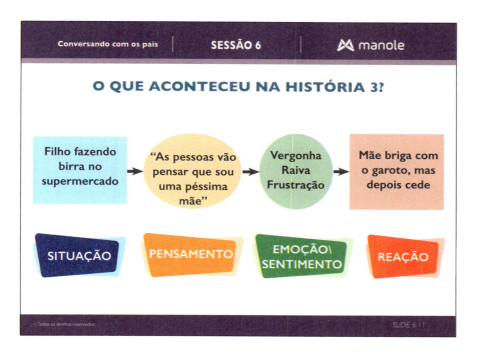

História 4

Uma adolescente resolve contar para a mãe que está gostando de um garoto da mesma turma na escola, porém, a mãe não estava prestando tanta atenção na conversa, discute com a menina, falando que ela não deve se envolver com ninguém agora e que não aceitaria o início de um namoro nesse momento.

A menina, muito irritada, garante que nunca mais vai falar nada para a mãe.

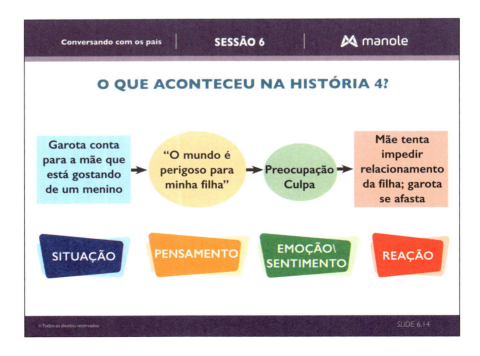

História 5

Uma criança está brincando até que se machuca em um determinado momento. Ela sai correndo atrás da mãe para pedir ajuda, mas quando chega lá a mãe, que já está nervosa por ter discutido com o marido, briga com a menina, falando que ela deveria ser mais comportada, e que a criança nunca a escuta quando fala que pode se machucar.

História 6

A mãe pede que o filho a ajude a limpar a casa, o filho responde que em alguns minutos vai ajudá-la. A mãe fica brava, fala que o garoto nunca a ajuda, que sempre que precisa dele não pode contar com esse suporte e, por conta de toda essa situação, decide que o filho não vai sair com os amigos da escola.

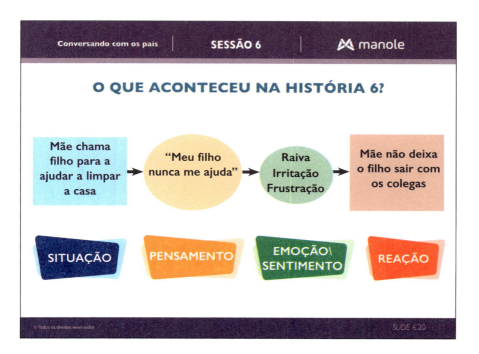

SESSÃO 6

Nesse encontro, é priorizada a participação ativa dos pais por meio da encenação. Os participantes podem ficar em duplas e sortear uma cena para ser reproduzida aos outros pais, depois é realizada uma discussão sobre as teatralizações.

Perguntas para as situações:

- O que os pais que estavam como observadores acharam da situação?
- Como acham que os filhos se sentiram nesses momentos?
- O que poderia ser feito de diferente nessas condições?
- Como validar os sentimentos e aquilo que foi feito?

SESSÃO 7

A necessidade da DISCIPLINA NO COTIDIANO

QUAL A DIFERENÇA ENTRE CONTROLE E DISCIPLINA?

O QUE É DISCIPLINA

- Processo de negociação entre pai e filho.
- Seguir as regras que foram pensadas em conjunto.
- Ajuda na regulação da criança diante do ambiente.

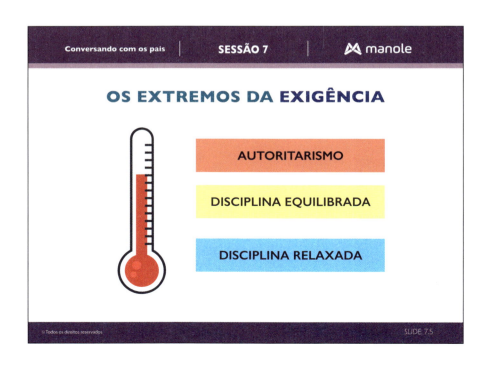

O QUE ENGLOBA A DISCIPLINA

- Negociação sobre horários e rotina.
- Construção conjunta sobre o que pode ou não ser feito.
- Sinalização dos deveres de cada um.

Agora é o momento de conversarmos sobre algumas situações

História 1

Mateus é um garoto irritado, vira e mexe ele entra em confusões na escola. Dessa vez não foi diferente, o menino partiu para cima de um outro colega, por conta das figurinhas da Copa. Os pais de Mateus, ao ficarem sabendo o que aconteceu, resolveram não conversar com o menino, eles acham que esse tipo de comportamento é normal para a idade, e que não passa de uma brincadeira entre os garotos.

O que vocês acham dessa situação? Como vocês pintariam o termômetro da exigência?

VAMOS CONVERSAR SOBRE ESSA SITUAÇÃO:

História 2

Marina é filha única de João e de Vanessa, ambos são médicos bem reconhecidos. Os pais da menina já estão pensando muitos passos a frente, querem que a filha siga a mesma área que eles e já planejaram toda a carreira da garota. Eles constantemente falam que, se as coisas saírem por um outro caminho, vão ficar muito decepcionados com Marina.

O que vocês acham dessa situação? Como vocês pintariam o termômetro da exigência?

História 3

Pedro e Laura são irmãos e ambos não gostam nem um pouco de ir para a escola. Sempre é uma luta levá-los ao colégio, os irmãos choram pedindo que os pais não os deixem sós. Os pais dos irmãos resolveram então negociar a situação, sinalizaram que a escola é um espaço importante para ir e que não existe a possibilidade de não frequentar, mas que daria para tornar o processo um pouco mais tranquilo.

O que vocês acham dessa situação? Como vocês pintariam o termômetro da exigência?

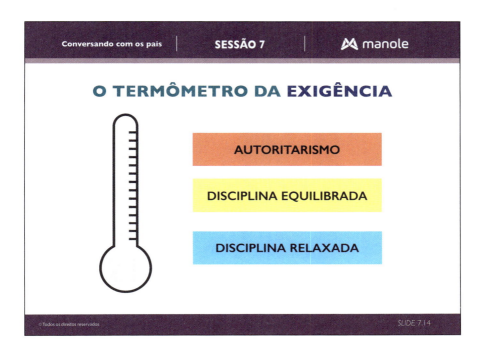

História 1

Júlia é uma adolescente que adora ficar na internet, nesse espaço ela joga com várias pessoas da mesma idade. A menina costuma contar para a mãe tudo que acontece quando está com essas outras pessoas. Só que a mãe da garota, todos os dias à noite, entra escondido no perfil de Júlia para ver se ela está falando a verdade.

O que vocês acham dessa situação? Como Júlia poderia se sentir caso descobrisse o que a mãe faz?

VAMOS CONVERSAR SOBRE ESSA SITUAÇÃO:

História 2

Nesses últimos dias, Marcela está com comportamento estranho, os pais da menina já perceberam que há algo estranho acontecendo, mas não sabem como falar com a garota sobre essa situação. Como forma de buscar pistas, a mãe resolveu mexer nas coisas da menina e acabou achando um teste de gravidez dentro de uma caixa.

O que vocês acham dessa situação? Como Marcela poderia se sentir caso descobrisse o que a mãe fez?

História 3

João saiu com alguns amigos para uma festa do colégio. Os pais do garoto ficaram em casa preocupados com o que poderia acontecer com o menino no decorrer da noite, por conta disso, começaram a mandar várias mensagens. João ficou irritado, porque não conseguiu aproveitar com os colegas, já que tinha que ficar respondendo as mensagens dos pais.

O que vocês acham dessa situação? Como vocês acham que João se sentiu com tudo isso?

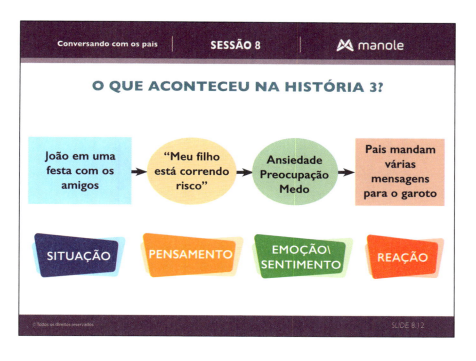

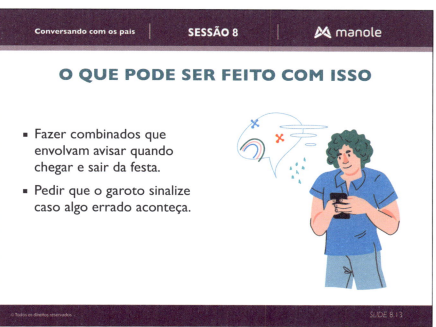

História 4

A mãe de Ana Lívia resolveu que sua filha tinha que se afastar de Laura, pois ela via a amiga como uma péssima companhia para a garota. Entretanto, ela decidiu isso sozinha, sem explicar as razões para Ana. Como forma de lidar com essa situação, ela resolveu trocar a menina de sala e pediu para as pessoas do colégio ficarem de olho nas meninas e em qualquer tipo de aproximação que poderia ocorrer.

Qual a opinião de vocês sobre a atitude da mãe de Ana Lívia?

EFEITOS DO MONITORAMENTO

- Os filhos podem se afastar cada vez mais.
- Ocorre diminuição da confiança dos filhos.
- Os filhos podem se sentir invadidos.

Conversando com os pais | SESSÃO 9 | manole

Vamos conversar sobre
COMUNICAÇÃO?

SLIDE 9.1

Conversando com os pais | SESSÃO 9 | manole

PROCESSO DE COMUNICAÇÃO

- Transmitir ideias, sentimentos para outra pessoa.
- Necessita de recursos verbais e não verbais.
- Caminho para formar novas relações sociais.

SLIDE 9.2

COMUNICAÇÃO PASSIVA

- Respeita os limites dos outros, mas invalida a si.
- Geralmente cede ao que está sendo pedido.
- Os outros tendem a se aproximar.

COMUNICAÇÃO AGRESSIVA

- Não respeita os limites dos outros.
- Consegue aquilo que está buscando pela imposição.
- As pessoas geralmente se afastam.

COMUNICAÇÃO ASSERTIVA

- Respeita os limites dos outros e os próprios valores.
- Consegue aquilo que está buscando pelo acordo entre as partes.
- As pessoas geralmente se aproximam.

COMO DEVERIA SER A COMUNICAÇÃO NESSA SITUAÇÃO?

Conversando com os pais | SESSÃO 9 | manole

História 1

Maria sempre chama Felipe para ajudá-la a fazer as coisas em casa, o menino sempre responde o famoso "já vou". Isso é o suficiente para a mãe do menino ficar muito brava e falar que não pode contar com ele, que está sozinha mesmo. Felipe às vezes vai ajudar, mas não é com muita felicidade, é só para a mãe parar de brigar.

O que vocês acham dessa situação? Tem alguma alternativa?

Conversando com os pais | SESSÃO 9 | manole

O QUE FAZER NA HISTÓRIA 1?

- Desmembrar os pedidos que são feitos.
- Realizar uma divisão das tarefas domésticas.
- Estabelecer que o garoto terá acesso a algo que gosta caso faça o que foi combinado

Conversando com os pais | SESSÃO 9 | manole

COMO DEVERIA SER A COMUNICAÇÃO NESSA SITUAÇÃO?

SLIDE 9.9

Conversando com os pais | SESSÃO 9 | manole

História 2

Joana ficou muito chateada com o comportamento do filho, mas não sabia como abordar esse assunto com o garoto. O menino procurou a mãe por não entender por que ela se afastou dele, mas Joana não quis conversar com ele sobre essa situação desconfortável.

O que vocês acham dessa situação? Tem alguma alternativa?

SLIDE 9.10

O QUE FAZER NA HISTÓRIA 2?

- Vulnerabilizar-se quanto ao que está sentindo.
- Organizar o que está sentindo para depois conversar.
- Mostrar os efeitos do comportamento do filho sobre ela.

COMO DEVERIA SER A COMUNICAÇÃO NESSA SITUAÇÃO?

História 3

Fernando ficou muito irritado com a conversa que teve na escola sobre o comportamento dos filhos. O homem chegou estressado e quando encontrou os irmãos, brigou bastante com eles, falou que eles só o faziam passar vergonha, que eles não aprendiam mesmo, e que caso isso acontecesse mais uma vez a conversa seria diferente.

O que vocês acham dessa situação? Tem alguma alternativa?

O QUE FAZER NA HISTÓRIA 3?

- Organizar o que está sentindo para depois conversar.
- Comportamento esperado *versus* comportamento real.
- Pensar com os filhos em como fazer a escola ser um espaço mais legal.

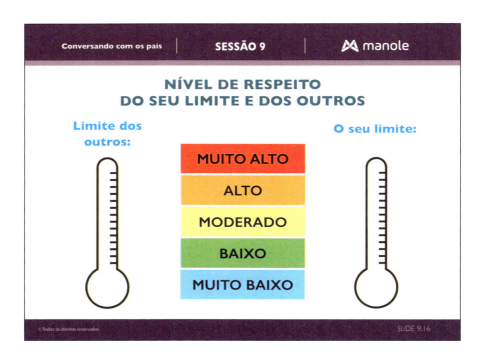

Como ser sensível EMOCIONALMENTE?

SENSIBILIDADE EMOCIONAL

- Solicitar ou receber *feedback* dos outros.
- Pedir desculpas e aceitá-las quando algo errado ocorrer.
- Aceitação ou reprovação de algo que foi feito.

História 1

O garoto chega em casa após ter recebido uma nota ruim na prova realizada no dia anterior e tenta conversar com a mãe sobre a situação. A mãe fala que deve ter sido muito difícil para ele essa situação, mas que algo pode ser feito. Juntos eles pensam em um horário em que podem estudar conjuntamente.

Conversando com os pais | **SESSÃO 10** | **manole**

O QUE PODERIA SER FEITO NA HISTÓRIA 1?

- A mãe poderia brigar e afastar o filho.
- Um cronograma de estudo pode ajudar.
- Estabelecimento de consequências apropriadas.

SLIDE 10.5

Conversando com os pais | **SESSÃO 10** | **manole**

VAMOS CONVERSAR SOBRE ESSA SITUAÇÃO:

SLIDE 10.6

História 2

A garota está triste porque gosta de um menino que não dá tanta bola para ela. Como forma de desabafar, resolve contar para a mãe. A mãe da menina fica muito brava, falando que ela é muito nova para namorar e que deveria focar nos estudos.

O QUE PODERIA SER FEITO NA HISTÓRIA 2?

- A mãe poderia brigar e afastar a filha = REPROVAÇÃO.
- A mãe pode demonstrar que se preocupa com a situação de uma maneira mais gentil.

VAMOS CONVERSAR SOBRE ESSA SITUAÇÃO:

História 3

A menina vai mostrar um trabalho que fez para a aula do dia seguinte e pergunta o que o pai acha da sua tarefa. O homem fala que o trabalho está péssimo e que ela deveria passar a noite refazendo a atividade.

O QUE PODERIA SER FEITO NA HISTÓRIA 3?

- O pai poderia continuar falando que não gostou do trabalho.
- O pai poderia mentir e falar que ficou muito bom.
- O pai poderia validar o que a filha fez e sugerir mudanças.

VAMOS CONVERSAR SOBRE ESSA SITUAÇÃO:

História 4

A mãe da menina arrumou a maior briga com a vizinha, porque achou que a moça estava dando em cima do marido. A filha da mulher ficou morta de vergonha com essa situação. Quando elas chegaram em casa, a menina sinalizou que ficou bem desapontada com a postura da mãe, e a mulher discutiu com a filha.

O QUE PODERIA SER FEITO NA HISTÓRIA 4?

- A mãe poderia conversar com a vizinha na ausência da filha.
- A filha poderia ter sido acolhida, uma vez que ficou constrangida.
- O modelo dado para a filha poderia ter sido outro.

História 5

O menino quebrou o vaso que a mãe gostava muito. Após ela chegar em casa, ele resolve contar para ela o que aconteceu, a mãe entende que foi um acidente e pede para tomar mais cuidado da próxima vez.

O QUE PODERIA SER FEITO NA HISTÓRIA 5?

- A mãe poderia brigar com o filho e demonstrar a insatisfação.
- Acolher a situação do filho e pedir que ele tome mais cuidado.
- Colocar o garoto de castigo e não explicar como se sentiu.

SENSIBILIDADE EMOCIONAL

- Atenção às necessidades dos outros e as suas.
- Saber responder de acordo com a situação.
- Estar sensível ao que o outro está sentindo.

SESSÃO 10

PERGUNTAS PARA AS SITUAÇÕES:

- O que os participantes acharam da situação?
- Como eles acham que os filhos se sentiram nesses momentos?
- O que poderia ser feito de diferente nessas condições?
- Como validar os sentimentos e aquilo que foi feito?
- Qual a definição do que aconteceu na cena (solicitar ou receber *feedback*, pedido de desculpas, aceitação ou reprovação).

SLIDE 10.19

SESSÃO 11

Construindo uma BOA RELAÇÃO com o filho

SLIDE 11.1

VAMOS CONVERSAR SOBRE ESSA SITUAÇÃO:

História 1

Fernando estava entediado no quarto, tudo que ele queria era brincar com alguém, mas como estava tarde, sabia que seus pais não o deixariam sair para a casa de alguma criança naquele horário. O menino viu o pai de bobeira mexendo no celular e o chamou para brincar, o pai do garoto fez um acordo: primeiro, Fernando tomaria banho e jantaria, e só depois disso eles brincariam juntos.

Comentem o que vocês acham do pai do menino. De que forma ele está construindo a relação com o filho?

O QUE PODE SER FEITO NA HISTÓRIA 1?

- Os combinados são formas de obter o que é esperado.
- As regras podem ser escritas e deixadas em um lugar bem exposto.
- Chantagem na maioria das vezes não funciona.

VAMOS CONVERSAR SOBRE ESSA SITUAÇÃO:

História 2

Guilherme estava brincando na rua com seu *skate* super irado, infelizmente o menino não viu que estava vindo um carro e acabou sendo atropelado. A situação foi desesperadora para o garoto, ele teve que ir ao hospital, passou por uma série de exames e só depois de algum tempo foi liberado para casa. Só que toda vez que o menino ia conversar com os pais sobre o que aconteceu, os pais não o deixavam falar sobre como estava se sentindo, dizendo que o que tinha acontecido não poderia ser mudado.

O que vocês percebem da postura dos pais do menino? O que eles estão ensinando para Guilherme?

O QUE PODE SER FEITO NA HISTÓRIA 2?

- A repetição de histórias ajuda a criança se organizar.
- Os pais podem ajudar fazendo perguntas sobre como o filho se sentiu na situação.
- Não falar sobre situações difíceis é um modo de abafar as emoções.

História 3

Laura trabalha todos os dias, começando cedo e indo até tarde da noite, só que ela gosta de ouvir sobre o dia do filho. Então, todos os dias eles se sentam na sala e conversam sobre o que fizeram. Laura gosta de saber como o filho se sentiu diante das diferentes coisas que realizou ao longo do dia. O menino já criou até o hábito de perguntar para a mãe sobre o dia dela.

O que vocês percebem da postura de Laura? O que ela está ensinando para o menino?

O QUE PODE SER FEITO NA HISTÓRIA 3?

- Momentos de diálogo propiciam maior aproximação.
- É uma maneira de ensinar a nomear o que foi sentido.
- Conversar sobre o dia a dia permite o monitoramento da rotina.

VAMOS CONVERSAR SOBRE ESSA SITUAÇÃO:

História 4

Silvia estava assistindo televisão quando viu que sua filha mais nova chegou em casa chorando. A mãe correu para tentar ajudar a menina, só que ela não queria conversar sobre o que havia acontecido no colégio, então, Silvia teve a ideia de acolher a menina, falou que naquele momento não seria necessário falar sobre o que acontecera e que estaria a esperando para conversar no momento em que ela se sentisse confortável. A menina foi ao quarto e depois de algum tempo procurou a mãe para falar sobre a situação da escola.

O que vocês percebem da postura de Silvia? O que ela está ensinando para a garota?

O QUE PODE SER FEITO NA HISTÓRIA 4?

- Deixar a criança falar no momento que se sente segura.
- Pressionar é um modo que pode gerar afastamento.

VAMOS CONVERSAR SOBRE ESSA SITUAÇÃO:

História 5

Ana tem passado várias horas no computador. A mãe da menina fica preocupada com essa situação, porque não sabe o que a filha tem feito por tanto tempo no computador. A mãe da garota pensa em como poderia conversar com ela sobre isso, mas está preocupada com a reação da menina. Por alguns minutos, a mãe pensa em acessar as mídias de Ana enquanto ela estiver dormindo, mas percebe que isso quebraria a confiança que a menina tem. Por conta disso, opta por chamar Ana para conversar, fala de verdade como estava se sentindo com essa situação e juntas pensam nas mudanças que podem ser feitas.

O que vocês percebem da postura da mãe da menina? O que ela está ensinando para a garota?

O QUE PODE SER FEITO NA HISTÓRIA 5?

- Colocar limites sobre o uso de tecnologia pode ser um caminho.
- Novas atividades na rotina pode ser uma alternativa.
- Ter momentos em que é pedido para que a criança mostre o que está fazendo.

EFEITOS DE UMA BOA RELAÇÃO COM OS FILHOS

- Os filhos passam a confiar mais nos pais.
- A relação começa a ser vista como prazerosa para ambos os lados.
- Os conflitos diminuem e o diálogo aumenta.

A IMPORTÂNCIA DA ROTINA

- Ajuda as crianças a entenderem sobre limites e regras.
- Evita as situações estressantes tanto aos pais quanto aos filhos.
- Desenvolvimento de senso de responsabilidade.

Como estabelecer uma rotina?

O QUE SÃO VALORES

- São princípios que conduzem as ações diárias.
- Influenciam o modo como nos relacionamos com os outros.
- Cada pessoa tem os seus valores pessoais.

VALORES E RELAÇÕES SOCIAIS

- Os valores nos direcionam quando estamos interagindo.
- Deve nos sensibilizar quanto às necessidades dos outros.
- Mostra-nos o que realmente importa na vida.

EMPATIA

- É a capacidade de enxergar o mundo pelos olhos do outro.
- Ter a capacidade de entender e sentir o que o outro passa.
- Chantagem na maioria das vezes não funciona.

Agora é o momento de conversar sobre algumas situações

COMO ENSINAR VALORES?

SLIDE 12.6

História 1

Ana e Maria são primas, elas gostam de estarem juntas, mas nenhuma das duas gosta de dividir os brinquedos. Isso geralmente dá o maior problemão, os pais das duas precisam sempre entrar no meio das confusões e obrigam que elas compartilhem as coisas.

O que vocês acham dessa situação? O que os pais das meninas poderiam fazer?

SLIDE 12.7

O QUE FAZER NA HISTÓRIA 1?

- Obrigar a compartilhar pode gerar raiva nas duas crianças.
- Os pais podem brincar em conjunto.
- Os pais podem ser modelos na vida cotidiana.

COMO ENSINAR VALORES?

História 2

Luana é uma adolescente que se irrita facilmente. Nessas situações, ela geralmente acaba explodindo e falando vários palavrões. Só que nessa história toda tem um ponto importante, a menina aprendeu esses xingamentos em casa. Os pais falam livremente entre eles e com a garota.

O que vocês acham dessa situação? O que os pais da menina poderiam fazer?

O QUE FAZER NA HISTÓRIA 2?

- Para que ocorram mudanças, os pais precisam ajudar.
- Diminuir os palavrões na rotina familiar.
- Uso de outras palavras que expressem o que se está sentindo.

História 3

Os pais de Joana estão preocupados com a menina. Eles percebem que a garota está crescendo muito rápido, só que eles evitam conversar com Joana sobre assuntos importantes. Dentro de casa ninguém fala sobre drogas, sexo e relacionamentos, por conta disso, a menina tem buscado informações sobre esses pontos por conta própria.

O que vocês acham dessa situação? O que os pais da menina poderiam fazer?

O QUE FAZER NA HISTÓRIA 3?

- Conversar com os filhos sobre esses assuntos é o primeiro ponto para prevenção.
- A conversa precisa ser leve e não envolver julgamentos.

COMO ENSINAR EMPATIA?

- O modelo que os pais dão nas relações é a melhor forma de ensinar.
- A validação dos sentimentos dos filhos é uma ótima forma de ensinar empatia.
- Desenvolvimento de senso de responsabilidade.

Série Psicologia e Neurociências

INTERVENÇÃO DE CRIANÇAS E ADOLESCENTES

manole.com.br

Série Psicologia e Neurociências

INTERVENÇÃO DE ADULTOS E IDOSOS

manole.com.br

manole.com.br